ESENCIAS

Una travesía personal de errores, aprendizajes y luz interior

Original

De

Paz Lopez

ESENCIAS

Copyright © 2025 por Marcela Paz Maldonado

Derechos reservados. registrado en La Biblioteca del Congreso el día -- de Agosto 12, 2025.

Todos los derechos reservados. Este libro o cualquier parte del mismo no se puede reproducir ni utilizar de ninguna manera sin el permiso expreso por escrito del editor, excepto para el uso de citas breves en una reseña de libro o revista académica.

Primera Edición: Agosto 2025

ISBN versión digital: 979-8-3507-5393-6

ISBN Versión papel: 979-8-218-77563-6

©Publicado por Marcela Paz Maldonado, Estados Unidos.

©Diseño de portada 3DSmarDesigns, Estados Unidos.

DEDICATORIA

A mi esposo,

mi otra mitad, quien, con su apoyo incondicional, su empuje y su amor constante, me ha dado la posibilidad de hacer realidad este y muchos otros sueños. Sin él, nada de lo que hoy atesoro habría sido posible.

A mis hijas,

porque ellas fueron, un día, la razón que necesitaba para seguir creyendo en la vida y soñar con un futuro maravilloso. Hoy son luz, motor y propósito de mi vida.

Y a todas esas bellas personas que, de una u otra forma, han sido parte de mi viaje: a quienes leyeron mis primeras incursiones literarias, a quienes me ofrecieron su apoyo, y también a quienes me criticaron por mi falta de experiencia o profesionalismo.

A todos, gracias de corazón.

Esta es la única forma que tengo para retribuirles su tiempo, su presencia y su confianza.

Con amor y gratitud,

Paz Lopez

ÍNDICE

PARTE I

EL INICIO DEL CAMINO

"En el fondo, escribir fue mi forma de comenzar a sanar sin saber que lo necesitaba."

Desde siempre sentí que mi única forma de descargar todas esas preocupaciones, dudas e inquietudes que me acompañaban desde muy temprana edad, era escribiendo. La escritura se convirtió en un refugio íntimo, una forma privada de expresar emociones y sentimientos que muchas veces estaban cargados de dolor y resultaban difíciles de superar.

Había tanto por comprender, tanto por sanar... pero algo dentro de mí se activó: era como si una puerta se abriera y, al otro lado, comenzara a verse una luz. Al principio todo fluyó de manera natural y espontánea. Luego, poco a poco, fui dando forma a lo que escribía. Así nació la idea de que, tal vez algún día, podría escribir un libro.

A raíz de ese deseo, muchas otras ideas comenzaron a tomar forma. Empecé a anidar ese sueño con más fuerza y a darle espacio en mi vida. Con el tiempo, fui poniendo cada vez más énfasis en mis historias y, especialmente, en mis reflexiones personales. Estas reflexiones nacieron del anhelo profundo de compartir no solo lo que sentía, sino también el aprendizaje y la transformación que cada experiencia me dejaba.

Escribirlas, a lo largo de estos años, ha sido un proceso profundamente enriquecedor. Me permitió expresar lo que guardaba dentro y, al mismo tiempo, volver a visitar momentos importantes de mi vida desde una mirada más consciente y compasiva. Gracias a ellas he podido crecer, aprender, y ver con mayor claridad el camino recorrido.

Mirar hacia atrás con honestidad me ha enseñado definitivamente a tomar mejores decisiones. Pero también he aprendido a extender una mano sincera a quienes atraviesan sus propios procesos, sin juzgar lo que estén viviendo.

Así fue como todo comenzó: con una pequeña historia, un poema, unas cuantas líneas que, sin saberlo, contenían semillas de algo más grande. Cada palabra escrita era un paso hacia dentro, una forma de dar voz a lo que habitaba en mí. Nada de esto habría sido posible si, en algún momento, no me hubiera atrevido a enfrentar el silencio... y a poner las primeras palabras sobre el papel.

RECUERDOS

¿Qué son los recuerdos? La definición de un diccionario dice que los recuerdos son una imagen del pasado que se retiene en la memoria. ¿Todo lo que ocurre en el pasado se convierte en un recuerdo? ¿O solo ciertas vivencias logran permanecer? Si nos basamos en una definición más aplicada, solo algunos eventos y experiencias se transforman en recuerdos, ya que nuestra mente tiende a conservar aquello que fue importante o dejó una impresión significativa en nuestra vida. Cuando algo ocurre o vivimos una experiencia similar a algo ya pasado, los recuerdos reaparecen, trayendo consigo los sentimientos que los acompañaron.

Más allá de la definición literal, quiero expresar y compartir con ustedes lo que "los recuerdos" significan para mí. Primero, creo que no podríamos vivir sin ellos; son los pilares sobre los cuales construimos nuestras vivencias y emociones. Segundo, los recuerdos son, en esencia, la base de cómo conformamos nuestra existencia.

¿Te imaginas qué sería no poder recordar nada? Una mente vacía, cubierta de nubes blancas, incapaz de asociar, retener o evocar una emoción. Sin recuerdos, todo sería un vacío inexpresivo. Sería difícil explicar cómo te sientes, pues no habría forma de distinguir entre una lágrima y una sonrisa, ni de comprender lo que significa realmente vivir.

Los recuerdos son tu vida. Cada momento que vivimos se convierte en una pieza de ese mosaico que forja nuestro futuro. A menudo, nos encontramos pensando en algo que ya pasó, deseando revivir un instante especial que nos llenó de felicidad, o manteniéndonos alerta para no repetir experiencias que nos causaron dolor. Los recuerdos nos guían, nos enseñan y nos permiten sentir.

Cuando estamos solos, solemos perdernos en ellos: a veces nos alegran, otras nos hacen llorar, pero siempre nos conectan con lo que somos. Cada recuerdo, ya sea por su lección o por su vivencia, forma parte integral de nuestra existencia, convirtiéndose en un testimonio de nuestro paso por esta vida.

Cuando los años avanzan y la soledad te visita, los recuerdos se convierten en tus invitados de honor. Los recibes con esmero, como si albergarlos pudiera prolongar su permanencia, mientras invitan a nuevas memorias a unirse y revivir los momentos del pasado. Pero no siempre es así; a veces, los recuerdos comienzan a desvanecerse. Se olvidan lentamente, como si se deslizaran fuera de tu alcance, y tus días se tornan grises, uniformes, sin emociones que esperar o rememorar.

Entonces, algo ocurre, algo especial que sacude esa monotonía: una fotografía amarillenta de tiempos lejanos, una vieja carta doblada tantas veces que amenaza con deshacerse, o un objeto insignificante rescatado del baúl de los recuerdos. Cualquiera de ellos puede ser la chispa que encienda nuevamente las memorias del ayer. Algunas traen consigo felicidad pura; otras, un dejo de amargura, recordándote las lecciones aprendidas y la fortaleza que ganaste. ¿Cómo saber qué emociones desatarán? Es imposible preverlo.

Siempre he sentido que soy diferente a muchas personas. En muchos aspectos de mi vida he demostrado que mis valores, aunque simples y sinceros, son profundamente importantes para mí, aun cuando no siempre encuentre las palabras para promoverlos. Entre las cosas que guardan un lugar especial en mi corazón están las fotografías. Ellas no solo tienen un inmenso valor por las memorias que traen consigo, sino también por las emociones y sensaciones que despiertan en nosotros al mirarlas.

Mis escritos también ocupan un lugar esencial. Son un reflejo directo de mi estado de ánimo en momentos específicos, vinculados a situaciones que inevitablemente se convierten en parte del pasado, en recuerdos. Tal vez, algún día, mis palabras lleguen a manos de otras personas y, al leerlas, encuentren en ellas inspiración o consuelo. Quizá logren sentir la esencia de lo que quise capturar, o incluso descubran que alguien más entiende lo que sienten, esa conexión universal que nos une como humanos a través de nuestras emociones y experiencias compartidas.

No soy la mejor ni la peor persona del mundo, ¡claro que no! Pero sí soy muy sensible. Algo tan simple como una carta en el buzón puede alegrarme el alma. Saber que alguien se tomó el tiempo de escribirla tiene para mí mucho más valor que cualquier regalo comprado, por más costoso o elegante que sea.

Gran parte de mi vida la he dedicado a recordar. Me gusta mirar dentro de mi mente y pasar largos ratos pensando, hasta que, sin darme cuenta, caigo rendida en los brazos de Morfeo. A veces un aroma me transporta a tierras y tiempos lejanos, o una vieja canción me lleva de regreso a mi casa, cuando aún era una adolescente.

Pero no crean que vivo atrapada en el pasado. No, claro que no. Desde muy temprano en mi vida aprendí a forjar mi camino, usando como apoyo tanto los buenos como los malos momentos. Mirar hacia atrás no siempre ha sido fácil; a veces duele. Pero cuando finalmente logras hacerlo, descubres lo que realmente importa: aquellas cosas por las que estás agradecida, las lecciones que te ayudaron a crecer y, sobre todo, las que te llenan de orgullo.

Así, el futuro se vuelve más llevadero. ¡Nada malo puede ser más malo de lo que ya fue! Porque todo, absolutamente todo, eventualmente pasa. Con el tiempo, los dolores más profundos se transforman en recuerdos. Y aunque tal vez nunca dejen de doler del todo, el peso que cargabas al principio se aligera, y aprendes a vivir con ello.

Por eso considero que mirar atrás y recordar, tanto lo bueno como lo malo, es fundamental. Al hacerlo, puedo reconocer que he sido feliz. Y si algún día, por alguna razón, no volviera a experimentar otro momento de felicidad, aún podría decir con convicción: *¡Yo sí he sido feliz!*

Ayer... Ayer fue uno de esos días que sé que en el futuro recordaré como un día especial. Mi hija volvió de su viaje. Era la primera vez en sus 24 años de vida que ella hacia un viaje al país que la vio nacer. ¡de seguro que fue una gran experiencia tanto por la curiosidad de ver con sus propios ojos el lugar del cual vino y poder apreciar sacrificios que sus padres, mi esposo y yo hicimos para ofrecerles una mejor vida.

No les hablare del viaje, porque eso es de ella, y de sus memorias y recuerdos, pero quiero contarles lo que pasó cuando ella estaba de vuelta en casa. La familia se juntó para darle la bienvenida y por supuesto escuchar relatos de sus experiencias en aquel país extraño para ella. Todos estábamos ansiosos por escuchar sus experiencias, pero en cambio ella se dedicó a repartir regalos y suvenires que ella traía para cada uno de nosotros. Cada quien quería ser partícipe un poquito de sus alegrías y vivencias.

Como era de esperar, siempre que alguien trae suvenires, recibes llaveros pintorescos, propios del lugar que andaban visitando, y esta no fue la excepción. Ella traía muchos llaveros alusivos al país, ¡lindos todos! También botellas de buen vino, dulces, galletas, camisetas del equipo de fútbol preferido del tiempo cuando dejamos el país, y fotografías, ¡miles de ellas!

Pero yo no esperaba nada de ello. En realidad, aguardaba en silencio a ver qué venía para mí y callada asentía con la cabeza para confirmar lo bonito que aquello era. Hasta que mi turno llegó: una bolsa de mis dulces favoritos, ¡qué alegría! Decía yo, alegría que no podía ocultar después de más de una veintena de años. Claro que era alegría. Luego un chocolate, ah, ¡qué rico! exclamé. Y de pronto, un pequeño silencio. Mi hija se dirige a mí y me dice: "¡Mami, esto es para ti!" Ella sostenía un paquete en sus manos, que con cuidado me entregó.

Era una bolsa de papel café, la cual estaba repleta de fotografías y documentos. ¡No lo podía creer! Cuando comencé a meter mis manos cuidadosamente en la bolsa, rápido descubrí su contenido que eran cosas personales mías: fotos de antaño, algunas de cuando aún estaba soltera, otras de cuando recién me casé, fotos de compañeras de escuela y de mi trabajo en esos años, fotos de mis pequeñas cuando aún eran bebés, fotos mías siendo una niña, cartas y documentos. Cosas que siempre había atesorado hasta cuando emigré. ¡Mi corazón palpitaba a todo dar! La emoción se desbordaba, y mi mente se inundaba con recuerdos. Mis ojos comenzaron a aguantar las lágrimas y mi garganta trataba de pasar un nudo gigantesco. Yo seguía ahí, sentada, ¡sin poder moverme!

Todos trataban de ver y tocar lo que yo sostenía, sin saber que lo único que quería era decirles que me dejaran disfrutar de aquel precioso momento a solas. Pero todos tenían la curiosidad de mirar y tocar, sin poder entender el sentimiento que este evento traía consigo a mi vida. ¡Miles de recuerdos volvían a mí!

Pasó un momento y mi hija me habló nuevamente para decirme: "¡Aún hay más, mamá!" Levanté la mirada, incrédula de lo que oía, y pude ver cómo ella sacaba de aquella maleta un retrato mío. Era un plato de bronce, de esos en que a uno lo pintaban en el medio, ¡tan o más antiguo que yo! Pero había sido algo muy especial en mi vida: el que iba primero en cada mudanza, cosa que habían sido muchas; el que conservaba en mi pieza, aunque en algunas oportunidades solo hubiera sido para poner un vaso encima; ese que, sin poder explicar el porqué, lo quería tanto, pero que cuando marché buscando otros rumbos, lo dejé atrás.

Tenía aproximadamente tres años cuando fui pintada en aquel plato de bronce. Y no lo digo solo yo, muchos opinaban que la niña del retrato ¡era la dulzura en persona! Claro, creo que todos los niños tienen esa ternura a esa edad, pero para mí ella representaba mucho más: encarnaba todos los sueños con los que llegué a esta vida, llena de inocencia, amor y felicidad. Era mi orgullo.

Cuando crecí, muchas veces pensé que esa niña y yo éramos dos personas distintas. Con el paso de los años, nos habíamos distanciado. Yo atravesaba penas, y ella solo brillaba y soñaba en un mundo donde nada podía tocarla. La veía como algo celestial, casi divino.

Pero hoy... hoy que vuelvo a mirarla, he comprendido que sí somos la misma persona. Ahora veo a mis tres hijas en ella. Todo, absolutamente todo lo que esa niña del retrato soñaba, lo tuvo... y lo tiene. ¡Qué alegría poder reencontrarme con ella y decirle: "¡Sí, somos la misma!" Me sentí feliz, profundamente feliz. Abracé mi retrato y lo apreté contra mi corazón. Pero la sorpresa aún no terminaba. Todavía quedaba un último regalo para mí.

Como mencioné al comienzo, siempre he sido muy amiga de mis recuerdos. Las cosas insignificantes representan gran parte de lo bello de vivir. Llevo el arte en la sangre; la literatura y la pintura son tesoros muy preciados para mí.

Cuando recién nos casamos, mi esposo y yo no teníamos muchos bienes materiales —más bien, muy pocos—, pero sí contábamos con algo en abundancia: las ganas de crecer, no solo en lo material, sino también como personas.

Recuerdo que un día, al salir de un supermercado céntrico en la ciudad donde vivíamos, vimos a un pintor exponiendo sus óleos en plena vereda. Sus obras eran muy bonitas, no está de más decirlo. Pero, como siempre he sido de notar lo que está un poco más allá, me fijé en una pintura que aún no tenía marco. Estaba escondida detrás de otras, no era la más reciente ni la más llamativa, pero había algo en ella... algo que me atrajo, que me identificó, algo que me tocó el alma. En esa pintura había una reflexión personal, ¡sin duda alguna!

Mi esposo, al verme tan emocionada, me dijo que quería regalarme una de esas pinturas y que eligiera la que más me gustara. La verdad es que no teníamos mucho dinero como para gastar en un óleo, pero en ese momento no pensé en eso. Simplemente la elegí, con el corazón.

El pintor nos explicó que necesitaría un poco de tiempo para terminar de enmarcarla y que estaría lista al día siguiente.

Y así fue como, al día siguiente, mi esposo llegó a casa con el primer regalo que tuvo un valor verdadero para mí. Colgué esa pintura en la sala, como el centro de todas las miradas. Era mucho más que una obra de arte: representaba el punto de partida de nuestra unión, el comienzo de nuestra vida juntos, nuestra pequeña historia enmarcada.

Cuando emigré lejos de mi patria, hubo muchas cosas que no pude llevar conmigo. Cosas que quedaron atrás, no olvidadas, sino resguardadas en el rincón más íntimo de mi memoria. Cosas que extrañé y anhelé durante años. Pero nunca las olvidé.

Hoy, veinticinco años después, cuando mi hija me entregó aquel último regalo —un tubo redondo— supe de inmediato lo que contenía. Ni siquiera tuve que pensarlo. Lo reconocí en el alma: sabía exactamente lo que era.

La emoción me invadió por completo, y esta vez no pude contener las lágrimas. Fue un llanto de felicidad, de reencuentro con aquellas cosas que un día dejé atrás. Fragmentos de mi vida que habían permanecido en el silencio de los recuerdos, pero que seguían vivos dentro de mí. Esos recuerdos me ayudaron a forjar lo que hoy soy.

¡Qué felicidad tan pura! Sin duda, este ha sido un día que recordaré por siempre: el día en que volví a encontrarme con mis orígenes, con algo que creía perdido y que hoy, por fin, ha regresado a mí.

La Vida No Seria Vida Sin Nuestros Recuerdos.

EJERCICIO PERSONAL

¿Qué recuerdo de tu infancia ha dejado una huella profunda en ti?

___

___

___

¿Hay algún momento del pasado que aún necesitas reconciliar o comprender mejor?

___

___

___

¿De qué manera tus recuerdos han influido en quién eres hoy?

___

___

___

¿Qué te gustaría sanar o resignificar al mirar hacia atrás?

___

___

___

KARMA

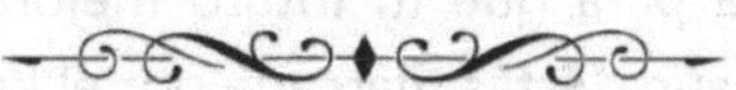

¿Eres tú quien me escucha?
¡Deja de jugar y atiende mi llamado!

He pasado horas buscándote... y aún no logro hallarte. Sé que debes estar por aquí. Vamos, no me digas que sería tan fácil dejarlo todo atrás y no volver jamás a mirar por lo que has vivido... ¿o sí? ¿Crees que estoy equivocada?

(Buscando a la única que me entiende...)

No lo creo. Son tonterías que la gente dice, frases vacías a las que más vale no prestarles atención. ¡Imagínate! Decir que todo esto es un problema de KARMA.

¿Pero qué es eso?

¿Tú sabes algo sobre eso?

Espero que no... porque si lo supieras y no me lo hubieras dicho, entonces sí estaríamos en problemas. Tal vez, si me lo hubieras explicado, yo habría estado más atenta... ¿no crees?

¿Y qué diablos sabe la gente del KARMA? (Eso me pregunto yo.)

Todos hablan de muchas cosas que ni siquiera entienden.

"Tienes mal karma", dicen cuando todo sale mal. "O hay que limpiar el karma para que tu futuro mejore." "El tuyo está oscuro", o peor aún: "Estás marcada por el karma."

¡Ja! He de reír.

Quien quiera creer en eso, que lo haga. Al fin y al cabo, karma es un concepto que nació hace más de dos mil años en tradiciones como el hinduismo, el budismo y el jainismo. Estas religiones milenarias de la India desarrollaron la idea de karma como una ley espiritual de causa y efecto: lo que haces —bueno o malo— tiene consecuencias en esta vida o en las siguientes. Una forma de explicar la justicia universal sin necesidad de jueces ni castigos externos.

Pero el tiempo pasó, y el pensamiento humano evolucionó. En la antigua Grecia, alrededor del siglo VI a.C., surgió la filosofía como una nueva manera de buscar respuestas. Filósofos como Sócrates, Platón y Aristóteles comenzaron a cuestionar el mundo con razonamiento, lógica y observación. Ya no se trataba solo de "creer", sino de pensar, dudar, analizar. Así nació la filosofía occidental, mientras en Oriente se desarrollaban otras corrientes filosóficas como el taoísmo o el confucianismo. Cada cultura con su estilo, pero todas intentando responder lo mismo: ¿quiénes somos, por qué estamos aquí y qué sentido tiene todo esto?

Más tarde, mucho más tarde, con el Renacimiento europeo (siglo XV-XVI), apareció algo aún más revolucionario: la ciencia moderna. Ya no bastaba con pensar o creer; ahora se requería experimentar, demostrar, comprobar. Surgió el método científico. Lo observable se convirtió en verdad... y lo no comprobable, en creencia. Así fue como la física, la biología, la astronomía y otras ciencias comenzaron a explicarnos el universo desde leyes naturales y medibles.

Pero claro, hay cosas que ni la ciencia puede explicar. Para quienes buscaban ir más allá de lo visible, intentando entender fenómenos que escapaban tanto a la razón filosófica como a la lógica científica, surgieron otras corrientes: la espiritualidad moderna, la metafísica, los estudios paranormales. No son ciencias oficiales, pero sí campos donde muchos físicos, psicólogos, pensadores y buscadores han puesto su atención. Porque, aunque la ciencia ha avanzado enormemente, aún hay preguntas que siguen sin respuesta... y el ser humano no deja de buscarlas.

Al fin y al cabo, como dijo uno de los científicos más influyentes de la historia, Isaac Newton, allá por el siglo XVII: "A toda acción corresponde una reacción igual y opuesta." Esta es su tercera ley del movimiento, una de las bases de la física clásica.

Curiosamente, el concepto de karma —aunque originado en la espiritualidad oriental y no en la ciencia— actúa bajo una lógica muy similar. Toda acción genera una reacción; todo lo que haces, de una u otra forma, regresa a ti.

Pero más allá de leyes científicas, lo interesante es cómo millones de personas han adoptado el karma como una filosofía de vida.

¿Cómo sería aplicar este principio al comportamiento humano? Pues así mismo: como un círculo. Todo lo que hagas se te devolverá. Todo lo que entregues, regresará.

Si das amor, recibirás amor. Si actúas con bondad, la vida te lo devolverá en formas inesperadas. Y si siembras dolor... bueno, eventualmente cosecharás el resultado.

¿Y cuándo ocurre esto?

Esa es la gran diferencia con las leyes físicas: el karma no tiene prisa. Dentro de esta creencia, las almas existen en un plano infinito, sin tiempo lineal. No hay relojes ni fechas fijas. Las cosas llegan cuando deben llegar, ni antes ni después.

La experiencia y enseñanzas de quienes estudian el karma han influenciado a muchas personas, culturas y religiones a lo largo de la historia. Todas ellas, de una forma u otra, buscando respuestas a esa eterna pregunta: ¿Por qué pasan las cosas?

Es como si el karma dijera: "No te portes mal, que tarde o temprano, el balance se cobrará."

Los estudiosos del karma hablan de vidas pasadas y vidas futuras, afirmando que estamos en constante rotación dentro de un plano espiritual. Y que regresamos tantas veces como sea necesario... hasta saldar todas nuestras cuentas. Para bien, o para mal.

Cuando era joven —o, mejor dicho, más joven que ahora— creía en muchas cosas.

Mis intereses por lo paranormal y todo lo relacionado con los ovnis ocupaban la primera plana de mi vida. Pero todo cambió a medida que fui creciendo. Descubrí lo que muchos llaman "la desilusión de juventud". Porque sí, la vida definitivamente no es igual cuando creces.

¿Cómo es posible que, después de tantas décadas, todavía no haya forma de probar que los "de afuera" existen?

Ahora pienso lo contrario: ¿por qué querrían dejarse ver? Conociendo a nuestra raza, lo primero que haríamos sería atraparlos para ver qué podríamos sacar de ellos. No por curiosidad, sino por conveniencia.

Y con los años, he comprendido que muchas cosas paranormales... no son tan "para-normales" como creía. Lo que pasa es que la mayoría de las personas no se atreven a comentarlas por miedo a ser tildadas de "locas" o "raras".

Aun así, tengo un profundo respeto por todas las religiones. Creo sinceramente que cada cual tiene derecho a creer en lo que se le ocurra. Yo, por ejemplo, creo en Dios... aunque nunca lo haya visto, ¿verdad? Dicen que está ahí. Bueno... a ver si algún día se nos presenta, y por fin podemos hacerle unas cuantas preguntas, ¿no?

La cuestión es que, desde hace un tiempo, el cuestionamiento se ha vuelto masivo, constante... increíblemente inquietante. Todo es una pregunta para mí.

Por ejemplo, con esto del karma:

¿Cómo es posible que alguien le diga a una persona que atraviesa una enfermedad seria... "Es que tu karma está malo"?

¿En serio? ¿Eso es lo que le vas a decir?

¿Cómo sería posible que alguien que está batallando por no morir deba aceptarlo... porque "es parte de su karma"?

Tal vez necesitemos un minuto —o más— para poner esto en un plano donde todos podamos entenderlo.

Veamos: "acción versus reacción", ¿cierto? Si haces el mal, lo malo volverá a ti.

Entonces, ¿cuál fue la acción que provocó esta reacción?

¿A qué se refiere exactamente eso de batallar por no morir?

¿Significa que, en algún punto de su vida, esa persona desperdició, maltrató o incluso atentó contra su propia existencia?

¿Es ese el argumento? Porque desde siempre nos han dicho que atentar contra la vida —el suicidio, por ejemplo— es un pecado... ¿Y si fuera esa la "acción" a la que ahora le toca reaccionar?

¿Y cómo podrían estos estudiosos del karma saber que eso es así?

¿De dónde proviene la sabiduría que les permite afirmar que esta parte de la vida —el dolor, la lucha, la muerte— es el resultado inevitable de algo anterior?

¿Y qué viene después? ¿Morir... para luego renacer y, esta vez, no sufrir? ¿Como una forma de compensación por el dolor pasado?

Suena complicado. O tal vez mi cabeza lo ve complicado.

Pero también es cierto que, como cualquier otra cosa en esta vida, todo lo que tiene mucho que leer, mucho que entender... termina siendo complicado.

Creo que el karma es una de esas cosas. Y por eso, hoy, lo dejo en mi caja de "cosas inservibles".

Porque no puedo aceptar —no quiero aceptar— que alguien muera, o que un niño pequeño luche con todas sus fuerzas por vivir, simplemente porque su karma ya estaba marcado.

¿Por qué pensar que uno sufre porque, en otra vida, fue demasiado feliz?

¿No basta con esta vida y sus propios desafíos?

¿Por qué deberíamos creer que estamos pagando deudas que no recordamos, de existencias que ni siquiera podemos confirmar?

Y cuando te dicen cosas como: "Tu karma es favorable, cuídalo", o "Nació con buen karma..."

¿Eso quiere decir que, en algún momento, todo eso se perderá y vendrá el sufrimiento?

¿Que sufrir es inevitable? ¿Que moriremos, solo para volver a nacer y sufrir en la próxima vuelta?

No.

No creo que eso sea de lo que estamos hablando.

Creo en el hoy. Creo en el ayer, porque lo viví. Pero no sé qué pasará mañana.

Pienso que nuestra existencia es única —así lo espero—, porque ¡vaya que es dura!

Y cuando algo sale mal desde pequeños, no creo que sea por el karma. Tal vez sea por la forma en que aprendimos a mirar la vida, por una falta de comprensión de nuestra propia existencia, por la poca responsabilidad que asumimos hacia nosotros mismos y hacia los demás.

No digo que todo se pueda prevenir, ni que la vida tenga que ser color de rosas. Tampoco creo que todos nuestros problemas sean producto de nuestra imaginación.

Pero sí creo que siempre tenemos la posibilidad de elegir —aunque sea un poco— y de usar nuestros sentidos como seres humanos para intentar hacer de este mundo un lugar mejor.

Claro... sé que eso no va a pasar tan fácilmente.

Pero, por favor, no me digan que todo depende del karma.

A los que hoy luchan por sobrevivir, a los que han vivido tragedias, a quienes han perdido a alguien, a los que están tan abajo que ya solo les queda el suelo...

A ellos no se les puede decir que esto es "cuestión de karma". Nadie merece vivir cosas así de horribles.

¿O tú crees que sí?

Muchos han relacionado el karma con el antiguo concepto oriental del yin y yang, que, aunque sí guarda cierta relación con la idea de "acción y reacción", se enfoca más en el equilibrio.

Esa sí es una idea que podríamos tomar como pilar para nuestra vida diaria: lograr un balance entre nosotros y la naturaleza, entre lo interno y lo externo.

Vivimos inclinados hacia uno u otro extremo. Sin equilibrio. Ni dentro ni fuera.

Y si hay alguien que de verdad haya encontrado ese balance, me encantaría conocerlo... y aprender de él.

Pero no hablaré de eso ahora —ese es otro tema, más largo, más profundo.

Solo quiero terminar diciendo lo que pienso:

Las cosas malas no nos ocurren como castigo, ni como injusticia, ni por mal karma.

Son parte de la vida.

Una vida distinta para cada uno, pero también parecida, porque todos —de una u otra manera— experimentamos amor, pérdida, alegría, tristeza, esperanza, soledad, triunfo y fracaso.

Siempre estamos buscando un culpable, alguien a quien responsabilizar.

Le suplicamos a Dios que nos ayude, que nos salve, que nos saque de nuestros problemas… porque somos así, porque es parte de nuestra naturaleza.

¿Pero qué pasaría si pensáramos que las cosas —buenas o malas— simplemente… suceden?

¿Que son eventos del vivir, sin castigos ni deudas ni saldos pendientes?

Quizás, solo quizás… viviríamos con un poco más de aceptación.

Tal vez así sería más fácil resignarnos, entender, y aligerar el peso del sufrimiento.

Tal vez aprenderíamos a ser más sabios, a preocuparnos un poco menos, a vivir un poco más.

Porque esta es nuestra vida. Única e irrepetible.

Somos seres únicos.

Pero al mismo tiempo, todos reímos, todos sufrimos, todos amamos, todos lloramos.

Y todos, inevitablemente, moriremos algún día.

"En el juego de la vida, hoy, el karma ha sido derrocado."

Aún me pregunto si me estás escuchando.

Tal vez te he aburrido con todo esto...

Pero eres tú quien siempre me escucha.

Quien siempre está ahí.

Por favor, no me dejes sola.

Sabes que me da miedo perderte.

(Y sé que ella siempre está ahí).

Ejercicio Personal

¿Has sentido alguna vez que la vida te devolvió algo que tú habías dado, ya sea bueno o malo?

____

____

____

¿Qué decisiones del pasado sientes que están conectadas con situaciones que vives hoy?

____

____

____

¿Cómo manejas las consecuencias de tus actos cuando no son como esperabas?

____

____

____

¿Qué aprendizaje te ha dejado alguna experiencia que consideras kármica o significativa?

____

____

____

Aprendiendo Del Error

Escribir parece fácil: tomas papel y lápiz, y comienzas a dejar fluir todo lo que pasa por tu cabeza —esas ideas buenas, malas, locas, ficciones o tonterías. Al fin y al cabo, no estás pensando en compartirlo con nadie, solo estás escribiendo. ¿Verdad?

¡Oh, si alguien leyera lo que uno escribe! Sería tremendo, al menos para mí. No porque sean cosas malas, sino porque son íntimas, personales: son confidencias entre mi mente y el papel. Recuerda aquello que dicen: "cada ser es un universo distinto". Estos pensamientos reflejan ese universo que nadie más podría entender.

A veces, cuando cae la tarde y estoy inmersa en todas esas mil cosas que muchos ya conocen, me detengo y levanto la mirada como si observase mi vida desde cierto distanciamiento. Entonces logro percibir mis propias vulnerabilidades. Es como si me mantuviera incesantemente ocupada para evitar enfrentar esas realidades que me reclaman acción. Tal vez suene confuso, pero estoy segura de que más de uno puede sentirse reflejado.

Hace años, en realidad muchos años atrás, soñé con escribir un libro. En ese momento, mi mente se llenaba de fantasías: una historia de amor, mundos mágicos, historias de ensueño.

Pero con el paso del tiempo, esa historia de amor se esfumó, igual que mi anhelo de escribir. Aquella idea quedó relegada al rincón de los recuerdos, hecha chiquita entre tantas otras experiencias: "¿Quién soy yo, escribiendo un libro?"

Crecí, cambié, aprendí muchas cosas nuevas. La creatividad me acompañaba siempre, el arte encontró su lugar en mi vida. Pero algo faltaba. Había una especie de vacío, una sensación de mudanza interior que no lograba identificar, o que quizá simplemente no sabía cómo nombrar.

Hace muchos años, cuando mi mamá aún vivía, me envió un sobre con algunas de mis pertenencias que había encontrado entre cajas viejas en su casa. Dentro había un pequeño dibujo sobre un papel frágil, quizá de más de treinta años. Yo tendría unos quince años cuando lo hice, porque aún se leía claramente: "MARCELAPAZ ESCRITORA". Fue un mensaje directo al pasado, un testimonio de aquel tiempo en que todavía soñaba sin límites.

Ese pedacito de papel dio vueltas por mi mente y despertó recuerdos y anhelos que creía olvidados. Al principio, quise tomar lápiz y papel para retomar la escritura... pero pronto supe que ya no era tan fácil. Un domingo, me senté frente al computador —más de treinta años después—, pensando que el teclado sustituiría al lápiz. Sin embargo, al enfrentarme a la pantalla en blanco, me invadió un extraño silencio: mi mente no encontraba palabras. Me sentí decepcionada, como si mi cerebro estuviera atrofiado, incapaz de recordar siquiera una idea.

Pasaron varios días, y esa inquietud no me abandonaba. Sabía que algo seguía vivo en mí; era imposible que se hubiera esfumado por completo. Mientras terminaba de ver una serie en la televisión, sentí una necesidad urgente de escribir. No lo dudé: encendí el computador, abrí una página en blanco y dejé que las palabras fluyeran sin filtro. Horas más tarde, descubrí que había comenzado a narrar mi primera historia: algo se había desbloqueado, y las palabras —aunque ahora virtuales— habían recuperado su camino hacia el "papel".

Pasó casi un año antes de que la escritura se afianzara en mi rutina diaria. Fue un proceso lento, a veces frustrante, pero profundamente revelador. Durante ese tiempo, las ideas comenzaron a fluir con mayor naturalidad, como si una compuerta interna se hubiera abierto. Y entonces, casi sin darme cuenta, empecé a considerar la posibilidad de compartir mis textos con otros.

Al principio, jamás imaginé hacerlo; escribir era un acto íntimo, un refugio personal donde podía ser completamente yo, sin juicios ni máscaras. Pero poco a poco, esa chispa —la misma que encendía a mi niña interior y que había permanecido dormida durante años— emergió con una fuerza renovada en la mujer que soy hoy. Esa niña y esta mujer se dieron la mano, y juntas comenzaron a soñar de nuevo.

Sabía que había mucho que pulir, mucho que aprender, y que seguramente cometería errores. Pero entendí que es peor no hacer las cosas por miedo a fallar, quedarse inmóvil esperando a que, por arte de magia, las cosas simplemente sucedan. Esto es algo que he escuchado a muchos decir, pero solo cuando lo viví en carne propia comprendí su verdad. Por eso, sin pensarlo demasiado, me lancé al mundo de los escritores anónimos y comencé a escribir... esta vez con el corazón más abierto y el alma dispuesta.

Poco a poco se fue haciendo evidente que sí había una veta literaria dentro de mí. Sin embargo, también descubrí que no bastaba con tener ideas o sensibilidad: escribir requería trabajo, esfuerzo y dedicación constante. No se trataba solo de sentarse a escribir, sino de refrescar el lenguaje, afinar la expresión y ofrecer un texto digno del lector que, en algún momento, pudiera tenerlo en sus manos.

Con el paso del tiempo, creo que fui mejorando. La pasión por escribir creció en mí como una llama que se alimenta de cada palabra. Entonces surgió con fuerza el deseo de hacer realidad esa idea: convertirme en autor. Descubrí que existen matices dentro del mundo de la escritura: ser escritor, autor o novelista no es exactamente lo mismo, aunque compartan el mismo territorio. Esa distinción me llevó a querer avanzar con mayor claridad y propósito.

Así nació la determinación. Acepté con convicción la idea de trabajar para volverme autor —o autora, si así se quiere decir—, y me entregué por completo a la historia que había decidido llevar hasta el final. Fueron días y noches escribiendo, corrigiendo, cambiando renglones, palabras, ideas... buscando alcanzar ese "visto bueno" interior, como si se tratara de una calificación personal que me exigía cada vez más.

Como en todo proceso creativo, al principio reina el entusiasmo y la dinámica. Luego llega el cansancio, después la frustración... y, por último —si uno no se cuida—, se instala la ausencia. Una especie de desconexión con lo que alguna vez nos llenó de emoción, como si la historia dejara de hablarnos. Pero incluso en ese silencio, algo permanece latiendo, esperando volver a despertar.

Cuando hablo de ausencia, me refiero a ese momento en que, ya estando prácticamente al final de la historia, sin saber por dónde continuar, decidí esperar. ¿Esperar qué? No lo sé. Tal vez una señal, tal vez valor... quizás solo tiempo. Así fue como quedaron los capítulos casi finales, suspendidos, y con ellos, las vidas inconclusas de mis personajes estelares.

Pero ellos no me habían olvidado a mí. Al contrario, cada día se hacían presentes en mi vida cotidiana, como si me observaran desde su mundo silencioso, esperando con ansias que yo les correspondiera. Y, sin embargo, elegí alejarlos. Opté por escribir historias nuevas, cambiar de género, explorar otros campos, como si necesitara escapar de ese final pendiente.

¿Por qué? Imagino que existen muchas respuestas posibles, y cada quien tendría una distinta. Pero en mi caso, cuando me di cuenta de que estaba jugando a hacerme la tonta —auto-engañándome con excusas y distracciones—, decidí enfrentarme a la verdad y darle curso a lo que debía continuar. Sabía que terminar me resultaba pesado; el miedo me estaba acechando con una intensidad que no había querido reconocer. Me traía temores que no sabía cómo controlar, sensaciones que me paralizaban y me alejaban de lo que más quería: cerrar un ciclo, darles destino a mis personajes, y quizás, también, a mí misma.

En mi caso, creo que fue el miedo a la crítica lo que me detuvo. Me descubrí haciendo revisiones exhaustivas, una y otra vez. Reemplazaba líneas, reescribía párrafos, tratando de maximizar todo lo que pudiera editar... como si eso pudiera protegerme de ser juzgada. Y fue justo en ese momento que lo comprendí: jamás lo sabré si no lo intento. Nunca podré avanzar si no parto desde algún punto, aunque sea imperfecto.

Porque en realidad, no importa si cometo errores, si no alcanzo la perfección o si nunca llego a ser una autora famosa. Para todo en la vida hay una primera vez, ¿o no? Pues sí. Y después de divagar sobre el asunto durante casi un año, llegué a una conclusión clara: es hora de avanzar.

No podemos quedarnos en el mismo lugar solo porque nos sentimos cómodos o porque tenemos miedo. En la vida es importante tener metas constructivas, aquellas que te impulsen a mejorar y a avanzar, que te ayuden a conquistar distintos niveles o etapas. Así es la vida en general: se es niño y se avanza, luego adolescente, luego adulto... y eventualmente, envejecemos. Aunque claro, dentro de cada uno de esos niveles existen pequeñas etapas —mini procesos, como yo los llamo— en los que también crecemos, tropezamos, y volvemos a empezar.

El miedo a fracasar a veces nos roba lo más hermoso del sueño: el poder intentar, el querer hacer, la posibilidad de demostrar —al menos a nosotros mismos— que sí se puede. ¿Y a cambio de qué? De nada. Solo nos quedamos con esa dolorosa idea del "podría haber sido".

Sea lo que sea que persigas en tu vida, tienes derecho a realizarlo, sin dejar que el miedo —especialmente ese que imagina todo lo que podría salir mal— te paralice antes de comenzar. En esta vida hay ciertas cosas inevitables con las que uno debe aprender a lidiar. Dos de las más desafiantes son: el miedo y la confianza.

El miedo nos asalta cada vez que nos disponemos a comenzar algo nuevo. Está ahí, acechando en la sombra de cada paso incierto. La confianza, en cambio, parece más difícil de alcanzar. Es algo que debemos construir con esfuerzo, paso a paso, para poder sostenernos en el camino hacia nuestros objetivos. Confiar en uno mismo, o confiar en que las cosas saldrán como esperamos, es difícil precisamente porque el miedo suele llegar primero... negándonos la oportunidad de confiar.

Dentro de las leyes naturales, existe lo que muchos llaman la "ley de decretar". Esto significa que cuando afirmas con convicción una intención, le otorgas poder, autoridad sobre tu realidad. Y como esa autoridad nace de ti mismo, tu propósito inicial se convierte en la brújula que guía todo lo que creas. Es como decir que, desde el mismo momento de la concepción de una idea, cualquiera que haya sido, es esa idea la que comienza a regir.

En mi caso, la idea de escribir un libro fue la que gobernó desde el instante en que lo decidí. Y así fue: el libro se escribió, se desarrolló, prácticamente quedó terminado. Lo curioso —y quizás lo más revelador— es que nunca pensé qué haría después con ese libro. No lo proyecté más allá. Mientras muchos piensan en publicar, en compartir su obra con el mundo, yo solo pensaba en escribir un libro... y eso fue exactamente lo que hice.

Ahora, meses más tarde, me pregunto por qué me cuesta tanto avanzar, por qué no puedo simplemente dar el siguiente paso. ¿Será que aún no he decretado con claridad lo que sigue? ¿O será que el miedo, otra vez, está disfrazado de excusa?

Aquí es donde entra la parte del aprendizaje. Como en todo en la vida, cuando uno piensa en algo —sea lo que sea—, es necesario hacerlo con cierto grado de cautela. Hay que detenerse y reflexionar antes de actuar. Es como cuando vas caminando por una calle y llegas a una esquina: instintivamente te detienes, miras a ambos lados y luego cruzas.

¿Por qué lo hacemos? ¿Es puro instinto o es porque sabemos que debemos verificar si viene algún vehículo? Supongo que habrá personas que digan que por ambas razones. Muchas veces reaccionamos por impulso, pero no necesariamente porque lo hayamos razonado. Actuamos sin detenernos realmente a pensar si ese movimiento —grande o pequeño— es el más adecuado.

A eso quiero llegar: a que en muchos aspectos de nuestra vida no le damos a las cosas la atención que merecen. No las pensamos con profundidad. Simplemente seguimos caminando, esperando que todo ocurra por sí solo, como si la vida tuviera un piloto automático que nos llevara a buen puerto. Pero la verdad es que las cosas no ocurren mágicamente. Lo único que sucede en nuestra vida es aquello que hemos creado en un momento inicial, ya sea desde el pensamiento o desde la acción.

Ambos —pensamientos y acciones— salen de nosotros como intenciones. Y una vez que los liberamos al mundo, comienzan a tomar forma, a concretarse, a regresar a nosotros convertidos en hechos. Esa es, en esencia, nuestra vida: una suma de lo que hemos elegido crear, consciente o inconscientemente. Y cuando comprendemos eso... comenzamos a vivir con mayor presencia.

Como en los cuentos de hadas, son ellas —las hadas— quienes envían deseos al universo para que se conviertan en la vida de la princesa. En la vida real, ocurre algo parecido: lo que nosotros planifiquemos será, en gran parte, lo que obtendremos. Y sí, sé que esto puede ser controversial. Pero hay algo que tengo claro: no basta con evocar un deseo... hay que actuar y caminar hacia esa variante. La vida se va construyendo paso a paso. La creas tú, al caminar.

Puedo imaginar a muchos preguntándome: "¿Y cómo es que todo me sale mal?", "¿Por qué no resultó lo que tanto deseaba?", "¿Por qué se tuvo que morir?", "¿Por qué a mí?". Habrá miles de preguntas... y, tal vez, pocas respuestas. Solo puedo decir algo desde mi experiencia: cada vida, cada ser humano, es un mundo aparte. Compartimos el espacio, convivimos, nos tocamos... pero eso no significa que lo que le ocurre a otro pueda ser controlado por nuestros deseos. No funciona así.

No permitas que el miedo a lo desconocido te obligue a claudicar las añoranzas de tu alma. Date el tiempo de errar, porque es precisamente de ahí —del error— de donde más aprenderás. Pon tu confianza en aquello que deseas y camina con la frente en alto, dando fe de que lo que esperas es, verdaderamente, lo que mereces.

Desear algo está íntimamente ligado a lo que uno cree que merece. Aquellos que confían en sus deseos, esperan sin miedo a que la vida les entregue lo que han de recibir. Esperan sin angustias, sin juicios, sin mayores preguntas y con un profundo agradecimiento.

Tómate el tiempo de revisar tus peticiones y tus acciones. Asegúrate de que ambas caminen en la misma dirección. No solo pidas por algo: haz también algo por lo que estás pidiendo.

"Yo, por mi parte, me he dado —y he aceptado— el don del error.

Y desde hoy, pido y confío

que los errores de hoy sean el aprendizaje del mañana.

Y quién sabe...

hasta anécdotas de uno de los tantos libros que llegaré a escribir."

Ejercicio Personal

¿Cuál ha sido un error que te marcó profundamente y qué lección obtuviste de él?

___

___

___

Al cometer un error, ¿cómo te hablas a ti mismo? ¿Te juzgas, te comprendes, te perdonas?

___

___

___

¿En qué momento te diste cuenta de que un error podía convertirse en el inicio de algo nuevo?

___

___

___

¿Qué error, mirando en retrospectiva, agradeces haber cometido porque te transformó o te condujo a un camino distinto?

___

___

Viaje Al Pasado

¡Ah… la nostalgia del pasado!

Aún conservo en mi mente esa sensación de alegría cuando me subía a mi bicicleta, ayudada por mi abuelo, y comenzaba a pedalear sintiendo que conquistaba el mundo, cada vez que lograba mantenerme un poco más de tiempo sobre ella.

Esa mezcla de nervios, viento en el rostro y risas compartidas es algo que, aunque el tiempo pase, permanece intacta en la memoria.

¿Quién no vuelve con frecuencia a esos recuerdos de años atrás?

Una casa vieja, los abuelos sentados en su sillón favorito, la escuela, los recreos interminables, incluso la ropa que llevábamos puesta... todo aparece de repente, como si el tiempo no hubiera pasado.

Y entonces te preguntas:

¿Qué tanto ha cambiado tu vida?

O quizás más difícil aún:

¿Qué tanto has cambiado tú dentro de tu propia vida?

A veces, esos recuerdos parecen más vivos que el presente.

Y sí, tengo algunos que conservo como pilares fundamentales, como parte de lo que me sostiene hoy.

No digo que el presente sea malo, claro que no. Hay belleza también en lo que somos ahora. Pero sería mentir negar que la vida antes era distinta... muy distinta, en realidad.

Es increíble pensar que, hace unos 40 años, uno salía caminando al negocio de la esquina solo para hacer una llamada telefónica.

No todos tenían teléfono en casa. Era un lujo costoso.

Y ni hablar de los lugares a los que ni siquiera llegaba una línea telefónica.

En mi caso, hablo de Sudamérica —específicamente, de Chile—, mi tierra, mi origen.

¿No te parece casi irreal recordar que pasábamos horas pegados a la radio, esperando con paciencia que pusieran nuestra canción favorita?

Y justo cuando sonaba, ¡zas! Apretábamos ese botón rojo para grabarla en un casete.

Y luego la escuchábamos una y otra vez... hasta que tu mamá, desesperada, venía a decirte:

"¡Yaaaaaa! ¡Apaga eso que me tienes loca!"

¡Qué tiempos aquellos! Tiempos simples, tiempos reales.

Tiempos que ahora se alejan cada vez más rápido... Como hojas arrastradas por el viento.

Bueno... así era en mi caso.

Creo que mi mamá me tenía bastante paciencia, después de todo.

Era una vida simple, llena de tiempo, sin celulares, sin internet, sin mensajes instantáneos.

Una vida donde compartíamos con personas reales, cara a cara, sin filtros ni pantallas.

Nos reíamos frente a frente con los amigos, salíamos a caminar sin rumbo fijo, y nos entreteníamos con cosas que hoy parecen tontas, pero que entonces eran... la vida misma.

Una vida nuestra, tan nuestra, en la que muchos pasábamos horas soñando despiertos.

Construíamos castillos en el aire, armábamos planes sobre el futuro, y deseábamos con ansias el momento de llegar a él.

Soñar era gratis, era grande, era infinito.

Cada día, cada mes, cada año, era una nueva aventura, sin importar las circunstancias.

Teníamos una forma distinta de ver el mundo.

Desde ese rincón llamado juventud, todo parecía posible, porque aún cargábamos con la ilusión intacta.

Claro, el tiempo siguió su curso.

Muchos crecimos y terminamos viviendo vidas complejas: algunos entre tormentas, otros acompañados de penas, y algunos envueltos en la soledad.

Hubo quienes abrazaron la sabiduría, quienes encontraron la buena fortuna, y muchos otros que simplemente siguieron caminando —día tras día— empujando su historia hacia un futuro mejor.

Y a pesar de todo eso... nos seguían faltando cosas.

A esa edad, nuestros pensamientos no estaban ocupados por enfermedades, tragedias, ni por la muerte.

¡No!

Todo lo contrario.

Nos sentíamos invencibles dentro de nuestros propios sueños.

Creíamos que podíamos tocar las estrellas, que volar más allá era cuestión de querer, que no existían límites para viajar, para amar, para lograr.

Para muchos, esos sueños incluían formar una familia, tener hijos, y vivir una vida llena de felicidad.

Otros soñaban con recorrer el mundo y conocer lo desconocido.

Y por supuesto, estaban aquellos que soñaban con hacerse ricos, encontrar ese negocio perfecto que les permitiera vivir sin preocupaciones, sin sobresaltos, sin escasez.

Todos, de alguna forma, compartíamos el mismo lenguaje: la esperanza.

Es maravilloso mirar hacia atrás y recordar con qué inocencia vivíamos la vida.

Las ideas, los planes, las ambiciones, los proyectos... estábamos llenos de energía, de ilusiones, de ganas.

Recuerdo con claridad una de mis tantas habitaciones —porque dormí en muchas—, en la que había una repisa al lado de mi cama.

Allí albergaba mi pequeña colección, la que, en ese tiempo, era mi hobby favorito —y lo digo sin mentir—: una colección de cajetillas de cigarro vacías... porque sí, ya me las había fumado todas.

Qué cosa más irónica... y a la vez, inocente.

Pero era mi realidad, era mi vida.

Nunca, ni por un minuto, consideré que el tabaco mata.

Solo era parte de mi rutina, de mi forma de sentirme grande, libre, o simplemente distinta.

También tenía otros hobbies.

Coleccionaba esquelas y sobres de carta —sí, de esos para escribir a mano—.

Creo que, desde pequeña, ya intuía lo que más me gustaba en el mundo: compartir.

Compartir pensamientos, emociones, anhelos. Compartir lo que escribo.

Dentro de aquella vida simple, tan llena de tiempo y de pequeñas rebeldías, tuve la oportunidad de vivir muchas cosas.

Cosas que me empujaron, sin saberlo, a refugiarme en lo más privado que una persona puede tener: sus pensamientos.

Ellos viajaban sin límites, a veces muy alto, otras veces muy bajo, pero al final del día siempre estaban allí, sosteniéndome.

Eran mi soporte.

Eran el camino de regreso a mi fantasía.

Y digo "regreso" porque la realidad —esa realidad que a veces golpea fuerte— te arrastra, te sacude, y te hace perder cosas esenciales:

la fe, la imaginación...

y con ellas, esa pequeña luz interior que da calor al alma.

Han pasado muchos años.

He vivido tanto, y sin embargo, sigo mirando hacia atrás.

Pero ya no con esa desilusión que en algún momento me nubló la vista, sino con el ánimo de recuperar toda esa energía que, alguna vez, brotaba de lo más profundo de mí.

Y creo que nunca se extinguió.

Solo se durmió, esperando el momento justo para regresar.

Hoy siento que vuelve.

Las ilusiones, las añoranzas, las alegrías, las fantasías...

todos esos pensamientos hermosos siguen ahí.

Nunca se fueron.

Y los siento regresar poco a poco: con cada hoja de papel, en cada escrito, con cada idea que vuela y me llena de vida.

Sí, es cierto... no sé cómo se "hacen" los grandes escritores.

No sé si uno "se vuelve" escritor o si basta con tener algo que decir.

Y quizás, en el fondo, ni siquiera importa que te llamen así.

Lo que sí creo es que nacemos con algo trazado en el alma.

Un destino que muchas veces no logramos seguir del todo, y por eso existe ese viejo dicho: "en busca de tu luz".

Yo creo que podría decirse de otro modo: "busca lo que es verdaderamente tuyo en esta vida". ¿No?

La búsqueda de mi luz me ha llevado por muchos caminos.

He aprendido mucho.

Y aunque he descubierto muchas cosas valiosas, una ha permanecido intacta desde niña: escribir.

Escribía a cada rato, en todas partes.

Inventaba historias sobre cualquier cosa.

No moderaba mis palabras por miedo a la crítica.

Solo escribía.

Largas hojas llenas de cuentos románticos, de fantasía, de poemas simples que hablaban de amor y rebosaban de inocencia.

Y hoy, en esta reflexión, les entrego mis palabras más sinceras.

Así, al natural.

Sin filtros, sin máscaras, sin ediciones.

Y así como hoy miro hacia atrás, sé que un día —en el futuro— volveré a leer estas líneas, y recordaré que los sueños, las fantasías y esa luz que alguna vez creí perdida... estaban volviendo a mí.

Cuán inocente se ve el pasado de una vida sencilla y más bien callada,

pero devastador y hambriento ese futuro implacable,

que, aunque tarde e indeciso —como deuda que ha de pagarse—

llega a robarlo todo: las inspiraciones, las fantasías, las ilusiones y los sueños.

No decaigas.
No te rindas.
Pide tregua, pide vida,
porque esta hay que vivirla con todo lo que venga.
No importa cuántas sufras,
no importa cuánto llores,
después de cada anochecer, un nuevo día le seguirá.
Una nueva oportunidad para reencontrar tu luz, tu camino,
para buscar el momento oportuno de poder sonreír.
Sonríele a la vida.
Sonríele al futuro.
O sonríele al mundo entero, si quieres.
Cierra los ojos y atrévete a soñar.
No tengas miedo: no caerás.
Siente el paso del tiempo como suave brisa que trae el mar.
Déjate acariciar por los recuerdos.
Vendrán uno, dos, o tres, tal vez más.

¿Quién sabe qué traerán consigo?

¿Una vista al pasado?

¿Una mirada a la vida ya vivida, ya gozada, ya sufrida...?

Ya no dolerá.

Vuela con ellos: con tus recuerdos, tus añoranzas, tus ilusiones.

Nunca se fueron.

Siempre estuvieron.

Tal vez arrinconados, tal vez dormidos...

pero siguen ahí, en ti, contigo.

Son parte de ti.

Son tu mundo privado,

tu escape necesario.

Son la reflexión de quien eras en verdad.

Y hoy, tu espejo.

Tu escape de la realidad.

El balance de tu vida.

Tu camino de verdad.

Acariciando el Ayer

Paz Lopez

EJERCICIO PERSONAL

¿Qué emociones surgen cuando recuerdas momentos importantes de tu pasado?

____

____

____

¿Hay alguna etapa de tu vida que sientes que aún necesitas sanar o perdonar?

____

____

____

Si pudieras volver atrás, ¿qué palabras te dirías a ti misma en ese momento?

____

____

____

¿De qué forma tu pasado te ha dado herramientas para enfrentar lo que hoy vives?

____

____

____

Escogiendo Caminos

"Hace ya un tiempo que mi camino por esta vida tomó otro rumbo. Antes buscaba intensamente lo que no podía encontrar; hoy camino, consciente y agradecida, sobre todo lo que he encontrado."

En esta ocasión quiero reflexionar sobre algo que considero profundamente importante para vivir de una forma más plena, más consciente... digamos, una vida en equilibrio. No me refiero a esos cambios que uno busca voluntariamente para "vivir mejor", sino a aquellos momentos inevitables en los que la vida nos coloca frente a decisiones que podrían transformar por completo nuestro rumbo. Son situaciones que, aunque muchas veces parecen cotidianas o pasajeras, en realidad esconden la llave de un nuevo destino.

Desafortunadamente, no todas las personas logran percibir la magnitud de estos momentos. Algunos los dejan pasar sin detenerse a pensar en lo que significan, sin darse el espacio de mirar con profundidad lo que hay detrás. Y es que no siempre estamos preparados para decidir, para dar un giro o aceptar que algo debe cambiar. Existe, creo yo, un tiempo interno —único para cada alma—, un reloj invisible que marca el momento exacto en que estamos listos. Y ese tiempo no puede ser forzado ni adelantado, porque ha sido, desde mi perspectiva espiritual, predeterminado antes incluso de venir a vivir esta experiencia terrenal. Esta es, por supuesto, una creencia muy personal, basada en mi forma de ver la existencia.

Cada uno de nosotros transita esta vida —y quizás también otras— enfrentando experiencias que, aunque no siempre comprendidas, forman parte esencial de nuestro aprendizaje. Todo lo que nos sucede tiene un propósito, incluso cuando nos equivocamos. Porque cometer errores no solo es parte del camino... es, en muchos casos, el camino mismo. Nadie está exento de errar; de hecho, sería incoherente con el sentido de estar aquí si no tuviéramos la oportunidad de equivocarnos y, a través de ello, crecer. Si no existiera esa posibilidad, ¿qué sentido tendría esta experiencia terrenal?

Pero entender esto no ocurre de manera automática ni simultánea para todos. Cada alma tiene su propio motor interior, una chispa única que impulsa su despertar, su comprensión y su transformación. Y es precisamente ese motor el que determina el ritmo, el cómo y el cuándo seremos capaces de reconocer el aprendizaje que hay detrás de cada vivencia.

No se puede forzar el camino. Por más que uno intente apurarlo, manipularlo o empujarlo hacia una dirección deseada, siempre encontrará la forma de regresar a su cauce original. Es como si la vida misma tuviera memoria, una sabiduría ancestral que nos guía con suavidad —o con fuerza, si es necesario— hacia el lugar que nos corresponde. Por eso el antiguo dicho de "fluir con la corriente" no es una resignación pasiva, sino una invitación a confiar, a dejar de resistirnos y permitir que el alma siga el curso que ya conoce, aunque la mente aún no lo entienda.

Durante muchos años caminé en dirección contraria a la corriente. A cada evento difícil o suceso doloroso, le puse resistencia, como si librara una guerra silenciosa contra la vida misma. No lograba entender —y mucho menos apreciar— el sentido de las cosas malas que me sucedían. Y claro, no era la única. A muchos les cuesta ver con claridad cuando están en medio del dolor. Es completamente humano. Pero con el tiempo he observado que hay personas que, de alguna forma, parecen tener una capacidad más elevada para aceptar lo que les toca vivir. No hablo de resignación —esa actitud pasiva que muchas veces confunde el alma—, sino de una aceptación profunda que nace del entendimiento de que todo, incluso lo doloroso, tiene un propósito.

Yo no estaba ahí. Me aferraba con fuerza a mis propios ideales, a mi manera de imaginar cómo debía ser el mundo. Estaba empecinada en construir mi propia versión de la realidad, sin comprender que, en gran medida, ese mundo ya estaba trazado para mí, y que lo que realmente me correspondía era transitarlo, no diseñarlo desde cero. No porque el destino sea inamovible, sino porque muchas de las lecciones ya estaban dispuestas para ser vividas y aprendidas en su debido momento.

¿Tuve elección? Claro que sí. He estado frente a muchas encrucijadas, y en cada una de ellas, la acción de escoger —uno u otro camino, una u otra actitud— fue inevitable.

Algunas veces volví atrás en mis pensamientos, preguntándome qué habría pasado si hubiera elegido diferente... pero esa respuesta no me pertenece. Nunca lo sabré con certeza. Lo que sí sé, es que cada decisión, incluso aquellas que parecieron errores a los ojos del mundo, me ha dejado una enseñanza. Y con el tiempo, he llegado a creer que incluso los pasos que parecen equivocados están, de algún modo, diseñados para enseñarnos justo lo que necesitamos aprender.

¿Cuándo vino el cambio? No lo sé con certeza. Podría decir que fue hace algunos años, pero la verdad es que no hay un punto exacto en el calendario que pueda señalar. Lo que sí sé, es que desde entonces no he dejado de crecer. El crecimiento no ocurre de golpe ni en momentos extraordinarios; sucede día a día, de forma casi silenciosa, con cada vivencia, con cada nueva emoción, con cada lección que se cuela en lo cotidiano. Esas pequeñas experiencias, muchas veces imperceptibles, se van sumando como cuentas en un collar, hasta formar algo que vale la pena conservar: un conocimiento íntimo que permanece grabado en los rincones más profundos del alma.

Mis primeros cambios fueron elegidos. No vinieron por obligación ni por imposición externa. Me explico: en algún momento comencé a reconocer ciertos rasgos de mi carácter, comportamientos que ya no resonaban con la persona que quería ser. Y tomé la decisión —consciente y valiente— de hacerles frente. No quería seguir siendo alguien arrastrada por las circunstancias, cualesquiera que fueran. No quería que mi entorno dictara mi forma de reaccionar ni de vivir. Quería tener el control de mí misma, o al menos, aprender a navegar mis emociones con mayor claridad. Y ese fue solo el comienzo de un largo proceso de transformación interna.

Por aquellos tiempos, perdía el control por cosas tan simples como ver un plato sucio en el mesón de la cocina. Bastaba eso para que la rabia tomara las riendas y, sin darme cuenta, comenzara a gritar, a alzar la voz, a herir con palabras que salían sin filtro. Era como si una fuerza interna se desatara sin control, arrastrándome a una espiral de enojo y culpa. Así, con mis gritos, mis enojos y mis palabras cargadas de frustración, fui dejando cicatrices —profundas y dolorosas— en personas que amaba profundamente. Y, como mecanismo de defensa, me justificaba con un argumento vacío: "Ellos no saben todo lo que yo he sufrido". Era una excusa, una forma de encubrir mi dolor con una coraza, sin aceptar la responsabilidad por el daño que causaban mis reacciones.

Recuerdo con nitidez una escena que marcó un antes y un después. Estaba sentada en la sala, junto a mis hijas y una terapeuta que nos visitaba una vez por semana como parte de una terapia familiar. Escuchaba hablar a una de mis hijas mayores. Su voz era suave, pero sus palabras pesaban. Mientras hablaba, algo en mí comenzó a quebrarse. Allí estaba yo, frente a mis hijas adolescentes —a quienes intentaba guiar— y con una bebé que aún no caminaba en mis brazos, rodeada de tareas pendientes, preocupaciones constantes, una casa nueva que, apenas comenzaba a tomar forma, y una lista interminable de cosas acumuladas en el cajón de las "cosas por hacer".

La escena era simple, pero lo que se reveló en ese momento fue profundamente revelador. Por primera vez me vi desde afuera: agotada, superada, intentando sostener todo mientras el caos interno me gobernaba. Fue un espejo doloroso... pero necesario.

Mientras escuchaba hablar a una de mis hijas, algo en sus palabras me estremeció. Me pareció que estaba describiendo a alguien que yo no conocía, como si hablara de una mujer ajena a mí, una figura irritable, impaciente, carente de ternura... alguien que definitivamente no podía ser yo. ¿Cómo podía estar diciendo eso? ¿Dónde estaba la madre que yo creía ser? Aquella mujer que se desvivía por sus pequeñas, que luchaba día a día por darles lo mejor. No, había algo que no encajaba. Los relatos que mi hija compartía no existían en mi memoria. No eran parte de mi versión de la historia. Y, sin embargo, ahí estaban, saliendo de su boca con la fuerza de lo vivido.

Fue entonces cuando vi, con una claridad incómoda pero reveladora, que algo en mí estaba profundamente mal.

A partir de ese día, ese pensamiento comenzó a perseguirme. Se colaba en mis silencios, en mis rutinas, en mis noches en vela. Me di cuenta de que, poco a poco, me había ido dejando ir, perdiéndome de mí misma. Había comenzado a separarme de mi verdadera esencia, de mi alma-naturaleza, como suelo llamarla. Esa parte de mí que era compasiva, sensible, amorosa... había quedado en silencio, desplazada por una versión reactiva, desbordada por la vida.

Comprendí que era urgente —imprescindible— volver a alinearme, reencontrarme conmigo y restablecer el equilibrio interior. Y cuando esa comprensión se asentó en mí, sentí que algo empezaba a cambiar. Tomé el control de la situación, no de manera autoritaria ni impulsiva, sino con una conciencia nueva. Comencé a observarme con más atención, a estar alerta a los primeros signos de desequilibrio, y a buscar activamente herramientas que me ayudaran a manejar no solo lo que ya estaba ocurriendo, sino también aquello que aún no había sucedido, pero que podría ponerme nuevamente a prueba.

Mi primer ejercicio de autocontrol comenzó en un espacio muy simbólico para mí: la cocina. Era el lugar donde todo solía desbordarse, donde perdía el control con más facilidad. Por eso, era también el lugar perfecto para comenzar a recuperar el equilibrio.

Por las tardes, después del trabajo, mientras iba de regreso a casa, ya comenzaban a invadirme pensamientos negativos. A medida que me acercaba, imaginaba que la cocina estaría hecha un desastre —por decirlo de alguna forma—: platos sucios acumulados, utensilios fuera de lugar, restos de comida, desorden por todas partes. Aquella imagen mental era suficiente para encender algo dentro de mí. Sentía cómo una tensión subía por mi garganta, como si mi cuerpo se preparara para explotar en gritos, quejas o enojo apenas cruzara la puerta.

Pero aquí es donde ocurrió el primer cambio real. El hecho de estar consciente de que aún no había llegado a casa, de que todo eso era solo una proyección de mi mente, me permitía frenar la ola emocional antes de que se desbordara por completo. Esa pequeña distancia —entre la idea y la realidad— se convirtió en una oportunidad para intervenir.

Entonces, intencionalmente, traía a mi mente otra imagen: me visualizaba entrando en la cocina con calma, respirando profundo, y comenzando a limpiar y a organizar todo en silencio, sin alterarme, sin culpar a nadie. Me veía a mí misma actuando con serenidad, y esa nueva escena mental me ayudaba a disolver la tensión antes de que tomara el control. La sensación de rabia bajaba, se suavizaba, y así, poco a poco, fui aprendiendo que yo podía elegir cómo responder.

Fue así como comprendí, casi con alivio, que dentro de mí ya existían herramientas para combatir esas explosiones de enojo que solían apoderarse de mí sin aviso. No necesitaba buscarlas fuera; solo debía aprender a reconocerlas y usarlas con constancia. Durante un tiempo me dediqué, de manera casi diaria, a trabajar estas actitudes, a observarme con honestidad y a ejercer ese pequeño poder silencioso de elegir cómo reaccionar. Y poco a poco, logré algo que parecía imposible: controlar por completo mi comportamiento irracional frente a los platos sucios en la cocina.

Aunque claro está —y lo supe desde el principio— que los platos sucios eran solo el detonante, no la causa. Lo que se escondía detrás de esa rabia eran vivencias no resueltas, dolores antiguos, frustraciones acumuladas que pedían a gritos ser vistas. Pero curiosamente, fue a través de ese gesto cotidiano, casi trivial, como pude abrir una puerta hacia adentro, hacia la verdadera raíz de mi malestar. Fue el primer aviso, el punto de partida para aprender a estar alerta y poder enfrentar, con más conciencia, esas reacciones que antes surgían de manera involuntaria.

Nada de eso hubiera sido posible sin una decisión firme de mi parte: la voluntad de cambiar. De reencontrarme con mi yo verdadero, de buscar el camino que me condujera de regreso a lo esencial, a lo que estaba en riesgo de perderse: mi paz interior, mi capacidad de amar sin herir, mi dignidad como ser humano. Por eso creo profundamente que la voluntad propia es una de las herramientas más poderosas que poseemos. Tener la intención de salir adelante en cualquier circunstancia ya es, en sí misma, una elección que transforma.

Pero —y esto lo aprendí con el tiempo— no basta con tener voluntad. Es necesario escoger con plena conciencia. Escoger sabiendo lo que uno quiere. Escoger con responsabilidad, sin echar culpas ni buscar excusas. Escoger sabiendo que, al decidir cambiar, te conviertes en protagonista de tu vida… y también en guardián de todo lo que esa decisión implica.

Voluntad.

Voluntad para ver aquello que aún no estamos dispuestos a mirar.

Voluntad para intentar lo que todavía no nos hemos atrevido a intentar.

Voluntad para decir "NO, así no soy yo" y atreverse a declarar con firmeza:

"Yo quiero ser de esta otra forma, porque así lo siente mi corazón."

No importa cuál sea tu método. Lo importante es encontrarlo. Encontrar esa manera que te funcione, que te conecte contigo, que te ayude a ver más allá de lo aparente, más allá de lo que los ojos alcanzan a notar. Porque muchas veces, lo más importante no se ve... se siente.

Debemos aprender a mirarnos con distancia, como si nos estuviésemos observando en una pantalla gigante. Con objetividad, con un toque de análisis honesto. Solo así es posible reconocer nuestras falencias, nuestros errores, nuestras sombras. No para juzgarnos, sino para comprendernos. El camino de la vida no es perfecto —nunca lo fue—, pero es en su misma imperfección donde habita su belleza. Aprender a ver a través de esas grietas, de esos desvíos, nos permite descubrir la verdadera luz que llevamos dentro.

A veces, la vida nos detiene justo en un cruce de caminos. Y ahí estamos: de pie frente a varias opciones. Podemos seguir adelante, quedarnos donde estamos, dar un giro inesperado hacia la izquierda o tomar el sendero que se abre a la derecha. No siempre sabremos qué dirección tomar. Y, sin embargo, sea cual sea la elección, debemos creer que fue la correcta. Incluso si, con el tiempo, los hechos parecen decirnos lo contrario.

Porque no todo será perfecto, no todo saldrá bien, pero todo servirá para aprender.

Y eso es lo que, al final del camino, verdaderamente importa. Cuando mires atrás, con el corazón más sabio y la mirada más suave, verás lo que no debiste hacer… pero también reconocerás lo que hiciste bien. Y con ambos aprendizajes, construirás algo más valioso que cualquier certeza: una versión de ti misma más real, más consciente y más luminosa.

Porque la vida es una escuela. Y su propósito más profundo es simple, pero esencial: aprender.

Aprender a ver la realidad de la vida es un regalo. Tal vez el más valioso que podemos recibir. No un regalo envuelto en papel brillante, sino uno que se revela lentamente, a veces entre lágrimas, otras veces con gratitud silenciosa. Esta vida —tal como la estás viviendo ahora— es única. Con todas sus luces y sombras, con amor o desamor, con tropiezos y despertares, es tu vida, completa, desde su inicio hasta su último suspiro.

Y aunque muchas veces puedes pensar que eliges cada paso, en realidad caminas por un sendero que, en gran parte, ha sido diseñado para ti. Sin embargo, lo más importante no es el camino en sí, sino cómo decides transitarlo. Porque en cada momento, tú escoges la actitud con la que enfrentas lo que te toca vivir. Escoges si lo haces con resistencia o con aceptación, con enojo o con compasión, con miedo o con esperanza.

Escoger no siempre significa tener múltiples rutas frente a ti. A veces, el camino es uno solo, pero dentro de ti existe un universo de herramientas, recursos y posibilidades para transformar tu experiencia. Podemos aprender a suavizar el impacto de los sufrimientos, a amortiguar el peso de las pérdidas, a encontrar sentido incluso en el dolor. Porque no, vivir la vida no es fácil. Nadie dijo que lo sería. No hay una fórmula mágica para evitar lo malo o borrar lo que hiere. Pero sí existe algo más poderoso: la conciencia y la voluntad de mantenerse de pie, de elegir no rendirse, de ser guardián de lo aprendido.

No estás solo. Aunque a veces el alma lo crea, no lo estás. Hay una fuerza que te acompaña, visible o invisible, tangible o sentida. Confía en que lo malo no es eterno, que el dolor, por profundo que sea, también pasa. Y que tú —sí, tú— al igual que yo, tienes dentro de ti la capacidad de desarrollar la fuerza necesaria para atravesar cualquier oscuridad y entonces, sabrás que valió la pena caminar.

Ejercicio Personal

¿Cuál ha sido la decisión más significativa que has tomado en tu vida, y cómo te cambió?

Cuando te enfrentas a un cruce de caminos (nuevo trabajo, cambio de ciudad, proyecto creativo...), ¿qué temes perder al decidir, y qué sueñas ganar?

¿Has confiado alguna vez en tu instinto para elegir un rumbo? ¿Qué señales internas —sensaciones, emociones, intuición— te guían?

Mirando atrás, ¿qué consejo te darías al "yo" que estuvo a punto de elegir el camino que tomaste?

PARTE II

LAS EMOCIONES A FLOR DE PIEL

“Escribir sobre lo que uno siente no es fácil, porque duele; pero callarlo, a veces, duele mucho más.”

Escribir sobre lo que uno siente no es fácil, porque duele demasiado. Pero callarlo, a veces, puede provocar un dolor aún más profundo.

Recuerdo una de las primeras veces en que vertí eso tan privado que llevaba dentro. Sentí como si un gran peso se deslizara fuera de mí, y al leer las líneas escritas, me sentí atraída a seguir leyendo mi propia historia. Me sentí bien.

Cometía muchos errores: mis textos no tenían fluidez, les faltaba claridad y necesitaban muchas correcciones. Me faltaba mucho para sentir que podía confiar en lo que estaba tratando de transmitir. Me faltaban las palabras que pudieran expresar los sentimientos tal como yo los vivía. Pero aun así, lo intentaba, y eso ya era algo importante.

Así continué escribiendo. Pensaba: en algún momento esto cambiará, y me sentiré más confiada y capaz, aunque en ese entonces lo único que veía eran fallas... y más fallas.

Después de un tiempo, escribí de todo: poemas, versos, historias cortas... y, cada vez que la oportunidad se daba, una nueva reflexión personal quedaba plasmada en el papel.

Con el tiempo me di cuenta de que, cada vez que volvía a leer una de mis reflexiones, revivía el momento o la situación que había descrito. Me hacía pensar si hubiera habido algo que yo pudiera cambiar o hacer diferente. Eso me enseñó que tenía la oportunidad de aprender —sí, de aprender de mis propias experiencias—, sobre todo cuando alguna de mis redacciones hablaba de sufrimiento o dolor. En esos casos era cuando más beneficio encontraba, porque era como soltar esa opresión constante.

Nunca pretendí ser perfecta, al menos no en lo que respecta a compartir mis escritos. Pero sí quería —y siempre querré— compartir parte de mi vida y mis experiencias de la forma más honesta posible, con la humildad que se necesita para abrir el alma a los demás.

La Felicidad

"Una de las grandes búsquedas de nuestra existencia es la de alcanzar la felicidad."

Hablamos constantemente de su ausencia, de cómo encontrarla, de qué hacer cuando finalmente la tengamos en nuestras manos.

Damos consejos, leemos libros, asistimos a foros, participamos en blogs, compartimos frases motivadoras, y... siempre es lo mismo.

¿Será que somos incapaces de ver que la felicidad no es algo tangible, sino un estado mental?

En efecto, yo creo que es precisamente eso.

Un estado donde la mente se vuelve más apreciativa, más humilde, más verdadera.

Un momento donde somos espontáneos, sensibles, y sentimos que la vida nos pertenece.

Cuando decimos "me siento feliz", lo que realmente sentimos es amor... un amor que desborda, que se expande, tanto que hasta queremos repartirlo. Es un estado que nos hace sentir grandes, capaces, invencibles, listos para atravesar cualquier tormenta... incluso pelear hasta el último respiro de vida.

Y si la felicidad es un estado mental, ¿no valdría la pena preguntarnos por qué no podemos mantenernos en él de forma permanente?

Si alguna vez lo hemos alcanzado, ¿qué nos hace salir de ese lugar tan luminoso, tan armonioso?

Tal vez la clave esté en descubrir qué nos lleva hasta ahí.

Qué situaciones, qué pensamientos, qué emociones nos colocan en ese punto exacto donde todo se siente bien, donde todo es posible.

Ese podría ser un buen comienzo para resolver nuestra eterna búsqueda de la tan ansiada felicidad.

Claro, para cada persona este estado puede tener una forma distinta.

Para algunos, estar enamorados, tener una relación estable, puede ser suficiente para sostener ese bienestar emocional.

Para otros, tal vez se trata de tener una estabilidad económica, de no temer a la carencia, de sentir que nada falta.

Para algunos más, la felicidad está en la salud, en la posibilidad de reencontrarse con alguien que se ha ido, en un hijo, en un sueño postergado, en un deseo que nunca se cumplió.

Cada quien tiene su propia forma de definir lo que significa estar contento con la vida.

A veces, paradójicamente, es a través del dolor de otros que logramos ver con más claridad lo mucho que ya tenemos.

Nos basta mirar de cerca una tragedia ajena para darnos cuenta de que tener a nuestros seres queridos vivos y con salud es, en sí, un regalo inmenso.

Lamentablemente, hay quienes necesitan perderlo todo para entender que la felicidad no tiene nada que ver con lo material.

Para mí, fue el tiempo quien me enseñó a encontrar la felicidad.

No fue un evento puntual ni una epifanía repentina.

Fue algo que ocurrió poco a poco, casi en silencio.

Yo era una de esas personas tristes que pensaba que tenía que salir a buscar la felicidad allá afuera. Y por más que la buscaba, no la encontraba. No sabía que la felicidad siempre estuvo ahí, esperándome, escondida detrás de tantas cosas: listas incompletas, excusas repetidas, anhelos egoístas...

Puedo seguir sumando palabras, pero el final es el mismo: la felicidad siempre estuvo ahí, en mi mente, al lado de cada uno de mis pensamientos.

Solo hace falta traer a la memoria un buen recuerdo,

y sentir cómo ese sentimiento cálido, sutil, va inundando el cuerpo y el alma.

Y entonces, sin darte cuenta, la expresión de tu rostro cambia,

tu cuerpo se entibia,

y tu corazón...

palpita con alegría.

Tal vez te preguntarás...

¿Qué tiene que ver el tiempo con la felicidad?

Pues para mí... todo.

Porque durante muchos años, no supe cómo detenerme en él.

No sabía cómo detenerme a pensar, a observar, a apreciar, a simplemente mirar a los míos con verdadera atención.

No me refiero a mirar desde lo superficial... Me refiero a mirar hacia adentro.

A atravesar la apariencia, los gestos cotidianos, y llegar a comprender de verdad quiénes eran.

A entenderlos. A valorarlos. A reconocerlos.

Me costó comprender que con dinero o sin dinero... ellos estaban ahí.

Que mis hijas son parte de mí, que llevan en su sangre el ímpetu de mis años jóvenes, mis sueños, mis anhelos...

Que ellas serán mi reflejo, que extenderán mi vida con solo existir, y que el amor que les tengo las acompañará para siempre, incluso cuando yo ya no esté.

Aprender a mirar también al hombre que camina a mi lado —mi compañero de vida— fue otro desafío.

Me costó mucho.

Tal vez por mi egoísmo.

Tal vez por mi incomprensión.

O porque me pasé tanto tiempo pensando en lo que no tenía, o en lo que creía inalcanzable, que no supe ver que él también cargaba sus propios sueños, sus propias nostalgias.

Y un día...

Todo se vino abajo.

Y caí junto con todo.

Como ya lo he dicho... siempre estaba triste.

Tenía esa idea constante de estar buscando algo que me faltaba.

Pero estaba equivocada.

Porque todo lo que necesitaba ya lo tenía. Todo. Sin excepciones.

Solo que no podía verlo.

Esa tristeza fue creciendo dentro de mí, avanzando en silencio hasta convertirse en una nube gris que me acompañaba a todas partes. Una nube pesada... con nombre propio: depresión.

Mi interior intentaba decírmelo de muchas maneras.

Pero yo no podía escucharlo.

Y en medio de la tristeza y la frustración de no encontrar la felicidad... un día me rendí.

Me sentí derrotada.

Perdí las ganas de vivir.

Pero —como después de toda gran tormenta— llegó la calma.

Y el sol volvió a salir.

Fue entonces cuando lo entendí.

Mis sueños... siempre habían estado allí.

Conmigo.

Desde el primer día en que nacieron en mi corazón, ellos se habían quedado a vivir dentro de mí.

Solo que los había olvidado.

Y estuve a punto de perderlos para siempre... junto con mi vida, y con todos los que amaba.

Pero ocurrió algo mágico.

Algo que solo puede venir de lo más profundo de tu ser.

Toqué fondo.

Y me aferré a la vida.

Y desde ese momento... todo cambió.

Como quien abre una puerta.

Como quien enciende la luz en una habitación que creía oscura.

Comprendí que mi vida llevaba mucho tiempo esperándome.

Esperando que yo me decidiera a vivirla.

Pude ver todo lo que tenía.

Pude entender que los sueños no son fantasías lejanas o inalcanzables.

Son parte de nuestro crecimiento.

Son necesarios para construirnos.

Y sí... se hacen realidad cuando les damos un lugar importante, cuando los cuidamos, cuando trabajamos por ellos.

Y, sobre todo, cuando entendemos que la felicidad está justo ahí:

en la vida misma.

Cuando finalmente entendí que la felicidad no estaba afuera, sino dentro de mí, aprendí a darle valor a lo que realmente importa.

A mi esposo.

A mis hijas.

A nuestra historia.

A lo que hemos construido juntos.

El tiempo, entonces, tomó otro significado en mi vida.

Los minutos dejaron de ser solo minutos.

Los días y los meses ya no me parecían interminables...

sino oportunidades.

Motivos para agradecer.

Momentos que quería vivir y disfrutar.

Comprendí también que este tiempo que habitamos es un tiempo prestado.

Un regalo.

Un bien precioso que debemos atesorar, porque nadie sabe cuándo llegará el día en que tengamos que partir.

Y claro, nada de esto ocurre por arte de magia.

Los cambios no llegan fácilmente.

Es mucho más fácil decirlo que hacerlo.

Pero si algo aprendí es que para ser feliz hay que luchar.

Hay que intentarlo una y otra vez.

Aceptar nuestros errores.

Aceptar nuestros fracasos.

Y nunca —nunca— dejar de soñar.

La felicidad requiere esfuerzo.

Pero también requiere una decisión:

la decisión de vivir.

Por eso, cada vez que puedas...

Permítete un minuto.

Solo un minuto para detener tu agitada vida.

Un minuto para respirar, para recordar cosas buenas, para mirar lo que tienes a tu alrededor.

Cierra los ojos.

Y verás cómo, en ese breve instante, tu mente es capaz de viajar, de revivir momentos hermosos, de llenarte el alma y de hacerte sonreír.

Porque ese minuto es tuyo.

Ese minuto es vida.

Ese minuto es felicidad.

La vida nunca será fácil.

Siempre habrá altos y bajos.

Pero abre los ojos a todo lo que viene a ti.

Agradece el aire que respiras.

El corazón que late dentro de ti.

Tus sentidos, que te permiten vivir y sentir.

Recuerda que hay personas que luchan día a día sin tener muchas de las cosas que tú tienes.

Y aun así... siguen aquí, luchando, resistiendo.

La felicidad no es material.

Es emocional.

Y vive dentro de ti.

Solo necesitas detenerte un momento... y recordarlo.

La felicidad no es material, es emocional, y vive dentro de ti.

Tú tienes el poder de ser Feliz si lo quieres.

Ejercicio Personal

¿Qué significa para ti la felicidad en este momento de tu vida?

____

____

____

¿Recuerdas una etapa o instante en que te sentiste verdaderamente feliz? ¿Qué lo hizo especial?

____

____

____

¿Sientes que estás esperando "algo" para poder ser feliz, o puedes reconocer pequeños momentos de alegría en lo cotidiano?

____

____

____

¿Qué podrías hacer hoy, aunque sea pequeño, para acercarte a esa versión de felicidad que anhelas?

____

____

____

SENTIMIENTOS

Sentimientos.

Sentimientos que nunca salen a ver la luz.

Sentimientos que se quedan escondidos en los pliegues del alma.

Sentimientos que nos atormentan en la soledad.

¿Pero qué hacer para no sentirlos?

Hay que aprender a dejarlos ir. La vida es corta, y cada día avanza más rápido que el anterior, sin lugar a dudas. Personalmente, puedo decir que he pasado mucho tiempo, gran parte de mi vida, huyendo de esos sentimientos, por miedo a enfrentar una realidad que no sabía cómo afrontar. Pero, como sucede con muchas cosas en la vida, el infaltable día llegó, y no me quedó más opción que abrirme, dejar ir mis sentimientos y soltar esas barras invisibles que oprimían mi corazón.

El miedo

¿Miedo? Miedo a todo.

A pesar de ser muy fuerte, desde niña sentí miedo: miedo a fracasar, miedo a la gente, al "qué dirán", a las confrontaciones, miedo al futuro incierto. No podía evitarlo.

El miedo llenaba mi ser sin que yo tuviera a quién decírselo, porque todos veían otra cosa: una mujer fuerte, emprendedora, capaz; la que resolvía los problemas y luchaba por lo inalcanzable.

Pero ahí estaban: miedos vivían dentro de mí, callados pero presentes.

Y cada vez que sonreía, algo dentro de mí susurraba que no sería por mucho tiempo.

La infelicidad

¿Pero qué diablos es "la infelicidad"?

No podía sentirme realizada. Siempre sentía que no tenía derecho a decir: "soy feliz", porque algo malo podía pasar, o porque las paredes podían escuchar... como si al decirlo en voz alta, el destino se empanara en contradecirlo y entonces, de inmediato, algo terrible ocurriría.

Crecí con la creencia de que la felicidad prácticamente no existía. En mi vida personal, todo parecía estar hecho de penas y sufrimiento. Y cuando algo bueno sucedía, pronto era reemplazado por algo aún más doloroso. Era como si la felicidad fuera una especie de maldición, un estado que tenía un precio demasiado alto. Por eso, aprendí a temerla.

La decepción

Cuando me volví adolescente, comprendí que ese sentimiento que a veces dolía tan profundamente dentro de mí tenía nombre: decepción. Para mí, la primera decepción real fue ver cómo mi padre nos dejaba, nos abandonaba, y cómo parecía no importarle nada. Esa fue solo la primera de una lista muy larga de decepciones que se fueron acumulando con el tiempo.

Esa experiencia marcó mi percepción: comencé a sentir que las personas no tenían un valor real, que nadie era realmente de fiar... incluso yo misma. La vida te enfrenta a situaciones que, con el tiempo, te enseñan a mirar con honestidad quién eres, a reconocer tu esencia, y a identificar los verdaderos valores que viven dentro de ti.

El dolor

El dolor de perder eso que sentías como una parte de ti.

El dolor de no poder recomponer lo que se ha roto.

El dolor de descubrir que aquello —o aquel— que creías lo mejor, no lo era.

Y también, el dolor de no saber decir "no".

El dolor es uno de esos sentimientos que parece vivir para siempre, como un eco que nunca se desvanece. Pero, al mismo tiempo, cuando lo has vivido, también deja en ti una semilla de fortaleza. Es el que, después de haberte hecho caer, te empuja a levantarte con más fuerza.

El dolor provoca una sensación extraña, difícil de describir. Una especie de pausa prolongada en el alma, donde todo se detiene solo para pensar y decir:

¿Por qué?

El dolor se hizo parte de mi ser.

Con cada sufrimiento, el dolor crecía y se arraigaba más y más en las paredes de mi alma.

Y sí, es cierto: me hizo fuerte. Tan fuerte como el acero más duro.

Tanto así, que llegó un momento en que nada podía entrar.

Había sellado por completo la entrada de cualquier otro sentimiento que pudiera ayudarme a ver la luz.

Por eso la infelicidad se convirtió en mi estado habitual.

Siempre parecía estar enojada, desconectada... y casi nada lograba arrancarme una sonrisa sincera.

Con el tiempo, creo que ya ni siquiera sabía si ser feliz era algo real o solo una fantasía.

Ya no me preocupaba por ser feliz... solo por sobrevivir.

Pero la causa más profunda de todo esto fue la decepción: esa herida que se abrió al descubrir que el cariño y el amor que alguien podía prometer no eran más que palabras vacías que el viento se llevaba.

Todo comenzó con mi padre.

La decepción me enseñó que no debía esperar nada de nadie, porque al final, todos terminaban mostrando su verdadero rostro —esa parte de sí mismos que no siempre muestran— y, aun cuando lo intuía, ver esas verdades me volvía a decepcionar, una y otra vez.

Pero fue el miedo el que más me costó combatir.

Tenía miedo a todo... incluso a mí misma.

Miedo a que, un día, mi otra mitad me abandonara sin mirar atrás. —mi alma, como yo la llamo —.

No sabía cómo enfrentar las cosas, cómo hacerles frente a mis inseguridades, cómo dejar de sentirme así: cargando con pena, desdicha y esa sensación constante de no pertenecer a ningún lugar. Uno de esos días oscuros y llenos de desesperación, sentí que lo único que quería era dejar de vivir esta vida. Me sentía cansada, sin fuerzas. Estaba convencida de que ya no podía más... decidida a terminar con ese persistente sentimiento de que nada valía la pena.

Pero alguien ya lo había visto venir.

Alguien ya lo había sentido.

Alguien había estado escuchando mi llanto silencioso...

Alguien estaba ahí.

Ese alguien —a quien llamo un ser especial— conocía mis miedos.

Sabía de mis decepciones.

Sentía mi infelicidad.

Y comprendía mi dolor.

Un día, ese ser decidió acercarse. No con palabras grandes, ni soluciones mágicas, sino con presencia: esa que se siente incluso cuando no se dice nada. Decidió mostrarme —o al menos intentar que yo viera— que más allá de todos esos sentimientos perturbadores e invasivos que habitaban mi alma, había más.

La vida no terminaba ahí.

Al contrario, mi vida comenzaba justo en ese instante: en el momento en que comprendí que lo único que realmente necesitaba era... dejar ir.

Por alguna razón extraña, acepté ese desafío...

y comencé un camino con un propósito diferente:

quería liberarme de aquellos sentimientos.

Y así, paso a paso, poco a poco, todo fue cambiando.

La vida, por fin, me mostró su verdadera cara.

No era aquella oscura y dolorosa que yo había conocido, sino otra —diferente, nueva—,

llena de oportunidades, de instantes donde podía experimentar la vida en su forma más pura

y comenzar a recuperar esos sueños que habían sido barridos por la tormenta de mis emociones.

La decepción se fue por completo el día comprendí que no todos decepcionan.

Que hay personas que son la excepción.

Personas que muestran desde el principio sus valores reales.

Que no necesitan esconderse detrás de máscaras, ni fingir sonrisas, ni aparentar lo que no son.

Personas que nunca huyen. Que están. Que se quedan.

Que protegen, sin importar si aquello que cuidan es propio... o no.

Este sentimiento, por fin, dejó mi alma cuando conocí al hombre con quien hoy comparto mis días.

Quien me ha dado —sin reservas— todo lo que tiene valor real en mi vida.

La infelicidad, por fin, se la llevó mi madre. Una mujer bella por fuera, pero que siempre estuvo llena de infelicidad... una tristeza silenciosa que, sin saberlo, nos fue transferida, sin pedirlo, sin poder evitarlo.

Hoy, la recuerdo diferente. Quiero pensar que ella no tuvo la oportunidad que yo sí he tenido, que en su camino no apareció ese ser especial que la ayudara a comprender que la vida era más que esos sentimientos oscuros anidados en su alma. Busco en mi memoria aquellos momentos en que la vi sonreír, y con ellos construyo pensamientos nuevos. Le converso a diario. La veo en mis sueños, siempre sonriendo.

Creo, con todo mi corazón, que ella es feliz ahora, ahora que ya no está aquí, porque desde donde está, puede ver lo que antes no pudo: cómo sus hijos han logrado ser quienes son.

El dolor se fue el día que creí que mi esposo tenía cáncer. Fue en ese instante cuando comprendí que no había nada más doloroso que eso, la posibilidad de perderlo era lo más impensable y no había nada, absolutamente nada más poderoso que ese sentimiento.

Y cuando la sospecha se disipó, sentí con total claridad que ya no había más dolor que pudiera compararse a ese. Porque no hay herida más profunda que la amenaza de perder a quien amas. No hay temor que pese más. No hay sombra más oscura.

Desde ese momento, con mi esposo a mi lado y mis hijas también, todo está bien. Nada duele. Nada.

Y el miedo... bueno, el miedo simplemente se ha ido.

Se desvaneció al comprender que cada día que vivo es, al mismo tiempo, uno más... y uno menos. Porque me iré —no sé cuándo, ni a qué hora— pero sé que un día me iré.

Y mientras tanto, lo que queda es esto: vivir a profundidad cada instante, ver crecer los frutos de una vida que, aunque imperfecta, ha creado en su imperfección un balance perfecto.

Ver cómo mis hijas caminan hoy por la vida con los valores reales que les hemos entregado es una satisfacción incomparable. Queda decir que, aunque pasó mucho tiempo antes de que pudiera comprender muchas cosas, finalmente llegó el momento de tener esa conversación... de agradecerle a esa "persona especial" por su ayuda, su compañía y su soporte constante a lo largo de mi camino.

Esa persona especial sigue aquí, a mi lado cada día. Y cuando me ve flaquear o dudar, no tarda en hacérmelo saber, como si él siempre supiera cómo leer mi alma. Como si, incluso en silencio, me recordara: "Estoy contigo."

Gracias a esa persona especial, un ser de luz, como muchos lo llamarían... un ángel de la guarda, tal vez.

Yo... yo lo llamo por su nombre. Y sé que es el ángel que tiene como misión ser el guía de mi tiempo en este mundo.

Gracias a Fabab, hoy puedo estar donde estoy. Puedo ver las cosas desde otras perspectivas. Puedo reconocer y experimentar muchos otros sentimientos, mucho mejores que aquellos que alguna vez me encerraron:

Amor, Paz, Serenidad, Positivismo, Realización, y muchos más.

Si tienes una religión que te impide creer en los seres de luz, pero te has sentido reflejada en mis palabras, piensa que nada pierdes con intentarlo. Solo tienes que hablarle, y tu guía espiritual se encargará de mostrarte de alguna, que está ahí, a tu lado, para guiarte y escucharte siempre.

EJERCICIO PERSONAL

¿Qué sentimientos guardas en silencio, aquellos que no te atreves a compartir?

____

____

____

¿Alguna vez te ha resultado difícil reconocer frente a ti mismo emociones como el miedo, la decepción o la infelicidad?

____

____

____

¿Cómo actúas cuando esos sentimientos silenciosos se asoman? ¿Los combates, rechazas... o los recibes con aceptación?

____

____

____

¿Qué pequeño acto —conversarlo, escribirlo, permitirte sentirlo sin juicio— podría ayudarte a soltar esos "sentimientos sin nombre"?

____

____

No Solo se Llora de Pena

"Cuando niña siempre escuchaba a los más grandes hablar de cosas que no entendía. Con el tiempo quise ser una niña nuevamente y no entender las cosas que algunos decían"

Cuántas veces en nuestra vida nos preguntamos: ¿qué deseo ahora? o ¿qué querría tener? Te sorprendería saber que lo hacemos mucho más frecuentemente de lo que recordamos. De hecho, deseamos cosas a diario, muchas veces sin darnos cuenta. Algunos anhelos son ligeros e insustanciales, mientras que otros nacen de aspiraciones más profundas y significativas. Creo que nuestra naturaleza humana nos impulsa constantemente a añorar lo que no poseemos: esa capacidad de soñar, de imaginar un futuro distinto, un mundo que aún no tenemos.

A medida que crecía, mis sueños iban tomando forma... Al cumplir dieciséis para diecisiete años conseguí mi primer trabajo "de verdad" —una experiencia de esas que quedan tatuadas en la memoria. Recuerdo al dueño de la empresa entregándome un sobre con mis primeros ingresos, fruto de comisiones por ventas. No puedo recordar la cifra exacta —

fue hace tanto tiempo—, pero sí la sensación de poder. Al volver a casa, hice una lista de las cosas que quería comprar con ese primer sueldo.

Recordando esos días difíciles, eso logro me llenó de esperanza... Ese momento fue mucho más que recibir dinero; fue el primer peldaño de mi escalera al cielo. Después de una infancia llena de inestabilidad, tras la separación de mis padres, encontrar una forma de vivir propia se convirtió en mi salvavidas. Fue un camino duro, pero cada logro, por pequeño que parezca, fue un peldaño firme para reconstruir mi vida. Y vale la pena recordar esos instantes: fueron ellos, al fin y al cabo, los que me impulsaron a seguir adelante.

La lista era larguísima: desde surtir la despensa hasta comprar ropa nueva, utensilios para la casa... aquella lista parecía mágica, con más líneas que la misma hoja que la sostenía. Pero como bien dice el refrán, "del dicho al hecho hay mucho trecho": el dinero, aunque real, no era mágico y apenas alcanzó para lo esencial —comida diaria—, y no para todos los sueños escritos.

Tiempo después, encontré otro trabajo, con más responsabilidades. Allí comenzó mi proceso de crecimiento y transformación hacia la adultez. Dejé de angustiarme por cosas simples y mi lista, poco a poco, se redujo a unos pocos renglones. Pero en la quietud de las noches, cuando los autos pasaban solitarios por la calle y yo aún estaba despierta, recordaba aquellos deseos que tiempo atrás parecían tan lejanos.

Ahora sabía que la verdadera magia no estaba en el dinero ni en lo que compraba, sino en el camino recorrido para ganarlo, en el compromiso conmigo misma, en la paciencia aprendida y en el valor de cada sacrificio. Y aunque la lista se había acortado, cada palabra que permanecía escrita tenía un significado más profundo: ya no era un mero deseo, sino un símbolo de resiliencia, de esfuerzo y de sueños que seguían vivos, ocultos en los pliegues de la noche y el murmullo de mi propia voz interior.

Sin embargo, incluso el mejor refugio tiene sus grietas… Procuré que esos recuerdos no regresaran con frecuencia, porque traerlos al presente solo conseguía arrancarme lágrimas. No era que la vida se hubiese vuelto más difícil, pero sí más dura. Había menos espacio para la ilusión, menos momentos para ser simplemente yo. El trabajo y las responsabilidades se volvieron lo primordial, y mis días pasaban entre obligaciones que no podían postergarse. Solo me quedaban esos breves instantes al cerrar los ojos, cuando el cansancio me lo permitía, para sumergirme en mis sueños… para perderme, aunque fuera por un momento, en aquello que me recordaba quién era en realidad.

Con el paso de los días, esa rutina se volvió mi nueva normalidad, cada noche llegaba como un refugio silencioso, y cada mañana traía consigo un nuevo reto. Me acostumbré al peso de los días, a las decisiones que no tenían alternativa, a la madurez que se impuso sin permiso. A veces, bastaba una mirada atrás para que algunas lágrimas resbalaran solas por mi rostro. Dejaban su rastro húmedo en mis mejillas hasta que mi mano las secaba con resignación. Esa rutina fue mi entrenamiento: aprendí a endurecerme, a mantener la cabeza en alto, a enfrentar las inclemencias del destino con firmeza. Llegué a creer que ya nada podía herirme.

O al menos... eso me repetía para poder seguir adelante.

A medida que pasaban los años, conservé la misma reacción ante cualquier problema que surgía en mi vida. Un disgusto familiar, dificultades económicas, conflictos de pareja... no importaba el motivo, el desenlace era el mismo: lágrimas contenidas que solo se permitían escapar en secreto. Lloraba por todo, lo reconozco. ¡Huía! Eso es lo que hacía, como una forma de protegerme. Me refugiaba en algún rincón solitario, lejos de todos, donde pudiera llorar libremente. Era en ese espacio íntimo donde dejaba fluir la presión acumulada, ese nudo en el centro del pecho que dolía tanto que parecía que el corazón se me partía... aunque fuera solo de forma figurada.

El tiempo y las duras lecciones de la vida me habían despojado de aquella sonrisa que en mi infancia era casi permanente. Poco a poco, esa expresión alegre fue reemplazada por un gesto serio, el ceño fruncido como si se hubiera quedado allí para siempre. Sí, es verdad: mi visión del mundo se volvió amarga, gris, y en ocasiones francamente fría. Llevaba tantos adjetivos negativos encima que parecía imposible revertir ese estado emocional. Aún no comprendía que la vida no me estaba castigando, ni buscaba quebrarme. Las penas y las adversidades no llegan para arruinarnos la existencia; no tienen como único propósito provocar sufrimiento.

Ahora sé que su intención es otra: mostrarnos el fondo para que podamos valorar la superficie, empujarnos a crecer, a fortalecernos, a transformarnos.

Con el paso del tiempo, mi manera de enfrentar la vida fue transformándose también. Comencé a madurar y a distanciarme del drama de los problemas diarios, esos y los extraordinarios. Las lágrimas se hicieron menos frecuentes; descubrí que tantas veces había llorado por cosas que, al mirar atrás, no lo merecían.

Pero no fue hasta que apareció una emoción distinta, una que brotaba desde otro lugar que no era el dolor, que comprendí lo que verdaderamente puede llorar el alma.

Luego vino un giro inesperado, pero hermoso... Tenía treinta y cuatro años cuando nació mi hija menor. En el instante en que la abracé por primera vez, una oleada de llanto me sacudió sin previo aviso. Lágrimas genuinas, que no brotaban por pena, sino por una mezcla indescriptible de alivio, amor, gratitud y asombro.

No digo que las otras veces que me convertí en madre no trajesen alegría, pero en ese momento algo cambió. En ese último nacimiento sentí renacer. Su carita, tan diminuta y perfecta, sus manitas frágiles, el contacto de su piel contra la mía: fue como si el universo, por fin, me permitiera tocar la suavidad de sus ojos. Y esa conexión me derrumbó en un llanto de pura dicha.

Aquel llanto limpiador devolvió la sonrisa a mi rostro, la misma que creía perdida entre las adversidades. Fue el llanto que valió por mil sonrisas, el llanto que comenzó a enseñarme que no solo se llora por pena: también se llora por belleza, por plenitud, por el milagro de la vida hecha carne en brazos ajenos.

Ya no importaban las largas horas en aquella sala de preparto —veinticuatro, para ser exacta— esperando el desenlace tras nueve meses de anhelo. Las preocupaciones cotidianas, los problemas del hogar, e incluso la ausencia de familia cercana, se desvanecían ante la magnitud de ese momento. Éramos solo nosotros dos, y eso bastaba para compartir el llanto más puro que mis ojos habían visto: lágrimas de luz, nacidas del amor y la esperanza.

A partir de ahí, los cambios se sucedieron en una cadena progresiva. No voy a fingir que dejé de llorar; al contrario, mis lágrimas volvieron, pero con un propósito distinto. Cada emoción genuina se convirtió en una semilla para renacer. Dicen que con la edad se vuelve más sensible; puede ser verdad, aunque no me consideraba vieja. Sin embargo, cualquier gesto de mi bebé me desarmaba. Su sonrisa era el gatillo: un minúsculo brillo en sus labios y mis ojos se llenaban de lágrimas. Esa lágrima, contenida al borde del párpado, saltaba y se deslizaba por mi mejilla, como si me dijera: "Mira, esto es amor".

Ya no me importaba que brotaran una, dos o todas las lágrimas que mi corazón quisiera derramar; esta vez no me ocultaba de nadie. Era un llanto distinto, un llanto de vida. Mi corazón se desbordaba, y mis lágrimas eran la forma natural de expresarlo. Sentí nuevas sensaciones que transformaron mi camino: sencillo y, al mismo tiempo, pleno. Me sentía completa, como quien afirma "lo tiene todo". Los pensamientos tristes o los recuerdos lejanos se desvanecieron; vivía anclada en el presente, y en ese instante, era profundamente feliz.

Y así llegamos a lo que fue el comienzo de cambios irreversibles y maravillosos. Lo más asombroso fue descubrir que también se puede llorar de felicidad, que existen lágrimas que no nacen del dolor sino del amor, de la plenitud y del gozo más puro. No hay palabras capaces de describir ese sentimiento tan profundo y vivificante. Solo el brillo mágico de esas lágrimas —diamantes que surgen cuando el corazón está desbordado de amor— logra comunicarse en silencio.

No solo se llora de pena... también se puede llorar de emoción.

Ejercicio Personal

¿Recuerdas un momento en que tus lágrimas no fueron señal de tristeza, sino de asombro, gratitud o amor?

___

___

___

¿Cuántas veces has contenido lágrimas sin dejar que salieran?

___

___

___

¿Cuál ha sido el llanto más significativo que has tenido: ¿uno de dolor, o uno de felicidad profunda?

___

___

___

¿Te reconoces en esa "nueva sensibilidad" que llega con los años, en el paso del llanto por dolor al llanto por belleza?

___

___

___

Crónica de una Incertidumbre

Si mal no recuerdo, celebramos el cumpleaños de mi nieto un domingo,

aunque su día había sido el viernes. Mi hija y su esposo habían viajado desde California para celebrar el primer año de vida con toda la familia. No somos muchos, pero somos la familia.

Ellos se alojaban en mi casa, como es habitual, y ya habíamos estado comentando sobre el famoso "virus" que comenzaba a afectar en el extranjero. Nada local, nada cerca de nosotros aún.

La verdad es que la información era desconcertante y poco clara. Pienso ahora que, si hubiéramos buscado más noticias fuera del país, tal vez la percepción habría sido diferente. ¿Podría haber sido diferente? Tal vez. Tal vez no.

De todas formas, algo sabíamos. No mucho... pero lo suficiente como para estar preocupados. Y aunque uno hubiera querido informarse más, no había mucho a dónde acudir. Todo era confuso, extraño, desconocido. Cuando lo hablábamos en casa, era con miedo en el corazón. Miedo por nuestro nieto, por supuesto. Estaba tan pequeñito.

No teníamos claro qué era lo que iba a pasar, pero ese domingo se celebró el cumpleaños. Y cuando nos despedimos de las personas que habían asistido, jamás imaginé que pasaría tanto tiempo antes de volverlas a ver.

Al llegar a casa, mi esposo encendió la televisión como de costumbre. Encendimos la chimenea y nos entretuvimos el resto de la tarde. Durante la cena, mi hija me preguntó si yo pensaba que tendría problemas al regresar a California. Obviamente, no sabía lo que venía. Pero sí recuerdo que le dije:

"Apenas llegues, empieza a recolectar provisiones por si acaso."

Y aunque a veces puedo exagerar un poco, en este caso, creo que me quedé corta.

Mi hija tomó el avión al día siguiente. (Dios sabe que no tenía idea de lo que venía...)

si lo hubiera sabido, le habría suplicado que se quedara aquí, en casa, con nosotros, para no estar tan lejos y solos.

Solo pasaron dos o tres días, cuando recibí un texto de ella diciéndome que en California ya estaban implementando restricciones severas, y que todo parecía... increíble, irreal.

Y ahí apareció la preocupación, como un susurro que se vuelve grito: "Algo muy serio estaba ocurriendo."

En casa comenzaron las conversaciones sobre todas las posibles cosas que podrían pasar. Pero en ningún momento imaginamos que estábamos al borde de algo mucho más delicado, un suceso que dejaría huellas en nuestras vidas para siempre.

La preparación empezó casi de inmediato. Revisé la despensa para ver qué cosas debía comprar e hice los primeros viajes al supermercado... solo para encontrarme con la noticia de que ya había escasez de suministros.

¿Pero cómo? —pensé. Fácil: ya había más personas como nosotros, igual de preocupadas. Esa semana fue la primera muestra de una nueva realidad.

El sobreabastecimiento de enseres de primera necesidad, o de lo que uno cree que es de primera necesidad, se volvió complicado. Me tocó ir de lugar en lugar y comprar lo que estuviera disponible. Por supuesto, uno de mis primeros destinos fue la tienda de mayoreo a la que pertenecemos por medio de una suscripción anual. Pero la sorpresa fue grande: las filas afuera eran larguísimas, y solo dejaban entrar a una cantidad limitada de clientes.

Y adentro, las restricciones eran aún más marcadas: todos los productos como agua, papel higiénico y toallas de papel estaban limitados a uno por cliente.

Esto se repitió continuamente durante las primeras semanas, y así llegamos a la última semana de marzo, cuando oficialmente entraron en vigencia las restricciones del estado en el que vivimos.

Desde el uso obligatorio de mascarilla, la suspensión total de las clases presenciales,

la clasificación de quiénes podían salir a trabajar, a quienes llamaron "trabajadores esenciales", y un sinfín de otras medidas que, al final, solo querían decir una cosa:

algo llamado "pandemia" había comenzado.

Mientras me aseguraba de que pudiéramos conseguir alimentos y enseres, también me preocupaba la situación económica. En todos los ámbitos, los proyectos comenzaron a pasar del estado de "espera" a "pospuestos". Y no había ninguna fecha estimada para saber cuánto tiempo tendríamos que esperar para retomar nuestras actividades.

En nuestro caso, ¡esto es de lo que vivimos! Esa es la verdad. Es lo que nos da el sustento mes a mes, así que el impacto era muy significativo. Y si por alguna razón lográbamos distraernos de estas preocupaciones inevitables, inmediatamente surgían otras igual de dolorosas.

El año 2020 era un año muy especial para nuestra familia. Mucho antes de que toda esta locura comenzara, sabíamos que este sería el año de graduación de mi hija menor. Su último semestre de escuela secundaria. De ahí, el salto a la vida universitaria.

Desde 2018 habíamos comenzado con todo lo relacionado con esta nueva etapa:

la universidad. Aquí, tanto la búsqueda como la preparación para las postulaciones toman mucho tiempo y trabajo. Por suerte, y digo por suerte, de verdad, todo esto ocurrió un poco antes del cierre total y de las restricciones de viaje, ya habíamos visitado muchas de las posibles opciones fuera del estado. Y lo más importante: mi hija ya había hecho el viaje para conocer personalmente la universidad que más le interesaba. Fue justo antes de que todo esto comenzara.

Teníamos muchos planes hechos para celebrar la graduación en junio, y un posible viaje al extranjero como regalo. Pero nada de eso ocurrió. Tristemente, mi hija no tuvo ninguna celebración. Es más, no hubo graduación. En lugar de eso, les entregaron el diploma afuera de la escuela, en medio de algo que solo podría describirse como un "drive-thru": conduces hasta la ventana... y te entregan tu diploma.

Sé que estas cosas pueden parecer vanas. Lo entiendo, no crean que no.

Pero estoy siendo sincera al contar cómo pasaron estas cosas en mi vida.

La preocupación se volvió constante: el uso del líquido desinfectante para las manos y

las mascarillas, se convirtieron en una rutina diaria, al igual que lavarse la cara o cepillarse los dientes.

Aún podía salir dentro del pueblo donde vivíamos, y mi esposo seguía yendo cuidadosamente a trabajar. Eso era un gran alivio. La idea de que tuviera que dejar de trabajar me asustaba mucho. Si eso llegaba a ocurrir, los problemas económicos se habrían sumado a todo lo demás... y no sé cómo lo habríamos manejado.

Pero eso no pasó. Él hizo algunas modificaciones que le permitieron seguir trabajando y terminar los proyectos que ya estaban en curso. Mi comunicación con mi hija —que estaba en California— se volvió más frecuente. Ella había dejado de salir de casa, tanto por las restricciones como por la real preocupación de llevar el virus a casa y contagiar al pequeño.

Por otra parte, tanto ella como su esposo fueron puestos de inmediato en "trabajo remoto", es decir, trabajando desde casa. Eso les facilitaba atender a mi nieto, sí, pero no dejó de ser estresante, especialmente por lo mucho que estuvieron encerrados, literalmente.

Gracias a Dios, tenían un pequeño patio donde al menos podían tomar algo de sol.

Pero salir a la calle... eso ya era otra historia. Creo que muchas personas hicieron lo mismo, ya fuera por proteger a sus hijos pequeños, a los adultos mayores, o a quienes tenían un sistema inmunológico comprometido.

Comenzamos a usar una aplicación del teléfono para hablar con cámara, así mi nieto podía vernos, y nosotros a él. Prácticamente hablábamos a diario. Eso nos permitió mantener el vínculo, ver su crecimiento, y darle un pequeño sentido de "familia", aunque estuviéramos a kilómetros de distancia.

Por otra parte, mi hija menor —la que estaba en casa— tenía una rutina sencilla:

clases en línea y una constante alerta por si en algún momento anunciaban el regreso a clases presenciales.

Pero ese día nunca llegó. Todo lo contrario: nunca más volvió a pisar un salón ni a compartir otro día con sus compañeros. Claro, esta generación nació con la tecnología en las manos. Tal vez por eso, no lo vivieron con tanto trauma. Las redes sociales se convirtieron, básicamente, en todo lo que hacían.

Los días se convirtieron en semanas, y las semanas en meses, y la incertidumbre continuaba. La primavera ya estaba bastante avanzada y seguíamos de cerca las actualizaciones de la situación, tanto dentro del estado como a nivel nacional.

Era inevitable preguntarse cuánto más tendríamos que seguir condicionados a todas estas restricciones.

Pero la verdad, esa que muchos no querían ver, era que este virus estaba siendo muy agresivo, y estaba matando a muchísimas personas en todas partes. Las teorías conspirativas crecían. Las opiniones políticas y los sentimientos raciales se volvían cada vez más tóxicos y peligrosos. Todo estaba cambiando... y aún no terminábamos de darnos cuenta.

Una de mis hijas tuvo la brillante idea de comprar semillas, siguiendo la iniciativa de muchas otras personas que empezaron a crear pequeñas hortalizas en casa. Eso sirvió como una especie de distracción, un equilibrio frente al encierro que estábamos viviendo. Si bien es cierto que no fue un encierro tan severo como en otros países,

sí fue lo suficientemente restrictivo como para representar una amenaza al estilo de vida de este país, acostumbrado a la libertad sin límites visibles o restricciones impuestas como en el caso de no poder salir a ciertas horas a la calle, esto era totalmente nuevo.

Curiosamente, yo, como persona nacida fuera, no veía las restricciones con el mismo rechazo. Todo lo contrario: pensaba que, si hubieran sido un poco más estrictas desde el inicio, tal vez el tiempo de encierro habría sido más corto.

Mi esposo fabricó la estructura de madera para plantar vegetales, y para esas alturas ya había escasez de madera y otros suministros. Era obvio que esto se debía a ese nuevo pasatiempo que muchos habían adoptado: cultivar flores y vegetales en casa.

Mis flores crecieron, y mis vegetales también.

No diré que fui una de esas personas que descubrió este nuevo pasatiempo, porque a mí siempre me ha gustado jardinear. Es más, cada año dedico bastante tiempo afuera,

desde la primavera hasta el otoño. Pero esta vez, el propósito era diferente: la distracción, y sí, era muy difícil no pensar en todo lo que estaba pasando.

Mi esposo, mi hija y yo solo salíamos para lo justo y necesario. Mi otra hija, que vive cerca de nosotros, también salía solo cuando venían a vernos. Así pasamos los primeros seis meses de la "pandemia". Una de las primeras malas noticias llegó en agosto de 2020. Un conocido de mi esposo había fallecido, y se dijo que el virus había sido la causa.

Todo era tan nuevo y confuso... Las dudas nos asaltaban: ¿sería todo esto verdad? ¿O estarían exagerando un poco? No lo sabíamos con certeza. Mientras tanto, tratábamos de seguir adelante con los planes de ingreso a la universidad. No había sido como se había imaginado, pero no había otra opción.

La escuela que mi hija eligió fue una universidad en el estado de Nueva York, a unas seis horas de viaje. Justamente la misma que había visitado justo antes de que se desatara la pandemia.

Para mi hija menor todo fue diferente. La verdad es que dudo que alguna vez llegue a conocer lo que el resto de las personas viven al ingresar a la universidad por primera vez, esa experiencia única en donde se comienza el cambio al salir de casa.

En su caso, la institución hizo todo lo posible por mantener el año académico en marcha, pero a pesar del esfuerzo, pronto todo se volvió casi un caos. En esta oportunidad, todo fue muy diferente a las experiencias con nuestras otras hijas.

El proceso para llegar al primer día de clases fue extremadamente difícil. Recuerden que, en ese momento, todavía no sabíamos nada sobre vacunas, así que todo se basaba en pruebas negativas de COVID y un estricto protocolo de reclusión. Viajamos con nuestra hija para dejarla instalada en su habitación dentro del campus universitario, donde pasaría literalmente encerrada los próximos tres meses.

Creo que, internamente, aún no lograba asimilar por completo lo que estaba ocurriendo a nivel mundial. Y aunque no soy una persona que vive en las nubes —al contrario, me gusta informarme desde distintas fuentes y no quedarme con una sola versión—, había días buenos y días muy malos. Sobre todo, cuando hablaba con alguna de mis hijas y las sentía decaídas.

Mi hija en California, por ejemplo, vivía con mucha preocupación. El encierro, la falta de contacto social, la tensión constante... todo eso los tenía a ella y a su familia muy estresados. No pasó mucho tiempo antes de que tomaran una decisión muy seria: regresar a casa, de vuelta a New Jersey.

Por otro lado, la experiencia de mi hija menor en la universidad no había sido la mejor, todo lo contrario. Una semana antes del Día de Acción de Gracias fuimos a recogerla, y una semana después ya nos avisaban que ella no volvería a las aulas, ni ella ni nadie más. Las clases pasarían a ser en línea para completar lo que quedaba del semestre. El nivel de contagio entre estudiantes era tan alto que ya no había forma de ofrecerles residencia individual dentro del campus.

Durante ese mismo tiempo, mi hija en California empacaba todas sus pertenencias para enviarlas en un contenedor, sin saber por cuánto tiempo estarían guardadas. Incluyendo sus vehículos y muchas pertenencias más. Fue un momento agotador y de decisiones importantes para todos.

De cierto modo, yo me sentía mejor... mejor porque mi hija menor estaba en casa, cerca, donde al menos podíamos sentir que la protegíamos, aunque fuera solo una ilusión. Y también porque, eventualmente, mi otra hija y mi nieto llegarían a casa, donde podríamos ayudarles y acompañarlos.

No fue nada fácil para ellos entrar al estado. Tuvieron que hacer cuarentena apenas bajaron del avión, por lo que se recluyeron en un pequeño departamento por dos semanas, hasta comprobar que no estaban contagiados. ¡Dios! Recuerdo que, al día siguiente de haberse instalado en ese lugar, manejamos hasta allí para dejarles la comida que había preparado con tanto amor, era el Día de Acción de Gracias. Aunque estaba feliz de saber que estaban cerca, mi corazón lloraba en silencio, pero agradecida por que estaban sanos.

Fue muy triste no poder abrazarles, solo verlos desde lejos, pero al menos supe que estaban bien. Habían pasado casi diez meses desde la última vez que vi a mi hija. Ni siquiera cuando vivía en California pasaba tanto tiempo sin venir; sin importar qué tan ocupada estuviera, siempre buscaba la manera de viajar a vernos.

Le daba gracias a Dios cada día por permitirnos seguir sanos. No sabía exactamente qué podría pasar, pero en mi interior sentía que estábamos haciendo lo mejor que podíamos. Gracias a la venta de productos en línea, la vida en casa comenzó a tomar un ritmo más estable. La mayoría de las compras llegaban por entrega, y eso también nos ayudaba a evitar salidas innecesarias.

Pronto llegó la Navidad, y ese tiempo fue sagrado. Disfrutamos del calor de la familia, del simple hecho de estar juntos y vivos. Por unos cuantos días tratamos de dejar atrás esa sombra oscura que nos venía persiguiendo, y abrazamos la esperanza de que el año nuevo sería mejor que el que estaba terminando. Siempre he sido una persona agradecida con lo que Dios me da, pero en esos días, mi gratitud se hizo aún más profunda.

Cruzamos de 2020 a 2021 con la ilusión de que todo comenzaría a mejorar pronto... pero la verdad es que no fue así. Apenas unos días después de Año Nuevo, la universidad canceló las clases presenciales para todo el semestre. No habría regreso a las aulas, todo sería nuevamente en línea. De alguna forma sonaba irreal. Inconcebible. Pero era nuestra nueva realidad. Esto no solo ocurría en la universidad donde estudiaba mi hija, sino también en muchas otras instituciones educativas a lo largo del país.

¿Qué significaba todo esto? ¿Es que nada estaba mejorando? ¿Mejoraría algún día? Así comenzamos otro año, esta vez no solo con incertidumbre, sino con más encierro, más distanciamiento y más miedo a lo desconocido.

Ejercicio Personal

¿Has experimentado alguna vez un momento de incertidumbre tan grande como el que se describe en este relato?

____

____

____

¿Cómo reaccionas emocionalmente cuando no tienes el control sobre una situación importante en tu vida?

____

____

____

¿Qué haces o a quién recurres cuando te sientes atrapado en la duda o el miedo?

____

____

____

¿Qué aprendiste de una situación en la que la incertidumbre te obligó a detenerte, soltar o mirar la vida desde otro lugar?

____

____

____

Tiempo de introspección

Recuerdo que siempre escuchaba decir a mi abuela que, cuando la Navidad se acercaba, era el comienzo del "tiempo de introspección".

Claro, para mí, siendo niña, eso solo significaba más idas a la iglesia, largas horas de rezos, silencios solemnes, obras de caridad, y muchas otras cosas que, según su visión, formaban parte de ese tiempo especial del año.

Un tiempo en el que, decía ella, todos deberíamos detenernos a mirar nuestras acciones y evaluar lo que habíamos hecho a lo largo del año.

Pasé muchas de mis navidades durante la infancia al pie de un altar.

Recuerdo con nitidez los viajes que hacíamos a un lugar remoto, en el norte de mi país.

Era toda una travesía: subir por caminos estrechos bordeados de acantilados, avanzar lentamente entre montañas y, finalmente, descender hasta llegar a un pequeño pueblo minero, donde se celebraban las festividades con una devoción que no he vuelto a ver en ningún otro lugar.

Llegábamos un par de días antes de Nochebuena, para comenzar a asistir a las liturgias preliminares, hasta llegar a la gran misa que culminaba la noche del 24 de diciembre: la celebración del nacimiento del Niño Jesús.

La iglesia se desbordaba de feligreses, hombres y mujeres llenos de fe, de esperanza, de gratitud, y también de dolor.

Muchos llegaban desde lejos, cumpliendo promesas.

Otros se acercaban al templo de rodillas, en señal de sacrificio, como ofrenda a lo divino.

El sufrimiento no importaba: era parte del compromiso sagrado que habían hecho con Dios.

Recuerdo ver miles de personas orando por todos los rincones, sosteniendo velas encendidas, cuyos hilos de cera derretida —espesa y caliente— les corrían por las manos.

Y aun así, no se quejaban.

Esa era su manda.

Esa era su fe.

Las imágenes que conservo en mi memoria son verdaderamente inolvidables.

Y aún hoy, me conmueven.

Me recuerdan que la fe, cuando es verdadera, es inmensamente poderosa. Que, para quien cree en la divinidad, ningún gesto es demasiado pequeño... ni ningún sacrificio es demasiado grande.

La hora de llegada a la iglesia, específicamente ese 24 de diciembre, era a las nueve de la noche.

Y siempre, lo más difícil era lograr entrar.

Las enormes puertas de la catedral estaban rodeadas de miles de creyentes que ya se habían apostado en la entrada.

El interior, como cada año, ya estaba completamente lleno.

Pero mi abuela, con la misma paciencia y determinación de siempre, comenzaba a avanzar poco a poco entre la multitud.

Paso a paso, con respeto, pero con firmeza, se abría camino.

Me tomaba de la mano con fuerza, y yo —pequeña, perdida entre la gente— no veía casi nada, pero la seguía sin dudar.

Sentía su seguridad como un escudo y su fe como un faro.

La primera parada era frente a la estatua de San José sosteniendo al Niño Jesús —mi patrono—.

Allí nos deteníamos unos minutos en recogimiento.

Ella cerraba los ojos, yo la imitaba.

Ambas guardábamos silencio, como si el tiempo se detuviera.

Luego, cuando el reloj se acercaba a las once de la noche, iniciábamos la segunda "avanzada", esta vez decididas a llegar al frente, junto al altar principal, desde donde se daría inicio a la misa de Nochebuena.

Entre rezos, cánticos y una liturgia intensa y emocionante, la medianoche llegaba sin darnos cuenta.

La ceremonia culminaba con una pequeña procesión dentro de aquella inmensa catedral, llena de velas, cantos y miradas al cielo.

Y con ese acto final, se cerraba la celebración sagrada de aquel día tan especial.

Recuerdo que salíamos felices, arrastradas por la multitud, con la esperanza de encontrar a mi abuelo en el camino, quien siempre se quedaba más cerca de la entrada.

Cuando por fin lográbamos divisarlo entre la gente, mi abuela levantaba la mano en alto para llamar su atención, y él, al verla, sonreía con esa calma que tanto lo caracterizaba.

Ya reunidos, los tres, juntos, dejábamos la catedral.

Caminábamos por aquellas pequeñas callecitas del pueblo nortino rumbo a la residencial donde nos alojábamos, rodeados del bullicio alegre de la gente y del murmullo de los vendedores ambulantes que ofrecían todo tipo de productos: vestimentas, figuras religiosas, recuerdos de la fiesta, y dulces —mis favoritos, sin duda.

Para mí, eso era lo más parecido a la "diversión" navideña.

Mi abuelo siempre me compraba caramelos, chocolates o algún dulce artesanal de los que se ofrecían en los puestos iluminados por pequeñas lámparas.

Y no importaba la hora.

Esa noche, el tiempo no tenía importancia.

Es cierto que mi Navidad no era como la de otros niños.

En mi caso, el "Viejo Pascuero" pasaba por mi casa —lejos de donde yo estaba— y dejaba los regalos allí, esperándome.

Solo los vería al regresar de nuestro viaje, casi al final de diciembre, alrededor del día 29.

Pero eso no me causaba tristeza.

Mi alegría no dependía de paquetes con moños ni de grandes cenas.

Mi Navidad estaba hecha de rituales, silencios, rezos, velas encendidas y caminatas de la mano de mis abuelos.

Y hoy sé, con absoluta certeza, que aquellos momentos fueron los regalos más verdaderos que he recibido.

Cada año, durante muchos años, fui la acompañante oficial de mis abuelos.

El viaje era ameno, y unos días antes de subir al pueblo —escondido entre montañas— pasábamos por un lugar de baños termales.

Un sitio hermoso, lleno de calma y vegetación, donde nos quedábamos al menos tres días.

Yo lo disfrutaba intensamente.

Piscina templada, rica comida y senderos naturales por donde caminar y dejar volar la imaginación.

Mis abuelos, en cambio, saboreaban el silencio.

Ese silencio profundo que solo existe en lugares así.

Los únicos ruidos eran los que yo misma provocaba al chapotear en el agua o lanzarme con entusiasmo una y otra vez.

La llegada a la pensión en el pueblo era siempre una pequeña aventura.

Nos tocaba una habitación distinta cada año, y como el lugar tenía al menos 20 o 25 piezas —algunas conectadas entre sí, otras independientes—, era como descubrir un nuevo laberinto.

Tenía varios corredores, patios interiores, y un gran comedor donde servían desayuno, almuerzo y cena... siempre y cuando estuviéramos a la hora indicada, porque si llegábamos tarde, simplemente perdíamos la comida.

Todos los días había un itinerario que seguir: la visita a la catedral grande, luego la pequeña, la procesión, otros eventos, las horas de rezos y el pago de mandas, en fin.

Pero también teníamos momentos de paseo, de caminatas por el pueblo, y las visitas a unas amistades de mis abuelos, eso era infaltable.

Cuando estábamos en la residencial, ya después de haber cenado, mi abuela me dejaba compartir un rato con otros niños que también se hospedaban allí.

Generalmente, había varios de mi misma edad, y nos reuníamos en la entrada principal del hotel, justo donde se encontraba el árbol de Navidad.

Era un árbol... distinto.

No era frondoso ni verde como los tradicionales.

Era blanco.

Sí, completamente blanco, con luces rojas.

Tenía algo de sobriedad y simpleza y quizás por eso siempre me pareció tan peculiar.

No era el centro de atención, pero ahí estaba, como un testigo silencioso de nuestras pequeñas conversaciones y juegos inocentes.

A pesar de los momentos alegres, el espíritu que reinaba era el del respeto profundo.

La humildad, la fe y lo que mi abuela llamaba "momentos de introspección" estaban presentes en todo.

Especialmente cuando nos sentábamos frente a las grandes estatuas de la Virgen de Andacollo, adornadas con flores y velas, y nos sumergíamos en oración.

Ahí se hacía el silencio.

Ahí algo dentro de mí también se callaba y escuchaba.

Esos recuerdos jamás se han ido o irán de mi lado.

Cada vez que armo mi árbol de Navidad, pienso en aquellos años.

Los tiempos han pasado.

Mi abuela partió hace mucho.

Y no pasó mucho tiempo antes de que mi abuelo decidiera ir tras ella.

Solo seis meses los separaron.

Después de tantos años juntos, me cuesta pensar que él pudiera vivir sin ella.

Los que quedamos...

Estamos ahora como los continentes: separados, y por mucho mar, diría yo.

La iglesia ya no ocupa un lugar central en mi vida.

Y las actividades de la época navideña son muy distintas a las que viví en la infancia.

Eso está más que claro.

No es que las extrañe...

Pero las recuerdo, porque forman parte de quien soy.

Ahora tengo mi propio pensar.

Una manera distinta de ver la vida.

Y aunque no anhelo aquellas navidades como un deseo imposible, sí creo que sería hermoso recuperar parte de aquel sentimiento.

Un tipo de Navidad más simple.

Más humana.

Más verdadera.

Donde volver a la sencillez del momento sea el propósito principal.

Donde se disfrute del tiempo en familia.

Donde nos visitemos sin agendas.

Donde decidamos perdonar, reconciliarnos, volver a tender puentes.

A veces, después de pensar y pensar, después de invocar viejas memorias y dejarlas respirar aire nuevo, recuerdo lo que decía mi abuela con una mirada tierna:
"Es tiempo de introspección."

Y yo... quisiera no tener que pensar en listas de regalos,

ni en la ropa que voy a usar,

ni en los alimentos que tengo que preparar.

Quisiera, en cambio,

disfrutar las cosas simples.

Pasar tiempo con los míos.

Escuchar música navideña con calma.

Tener más tiempo para reflexionar.

Salir del estrés.

Mirar hacia adentro.

Tiempo de evaluación personal.

De conexión con el universo.

De poner los pies en la tierra y el alma en el cielo.

Dramática a mi manera —como a veces soy—, desahogarme, llorar si hace falta, y luego... llenar mi alma de buenos deseos. Grandes ideas.

Un cuerpo y una mente más descansados.

Una nueva emoción por vivir.

Este año, las festividades que han llegado se sienten distintas.

Mi introspección ha comenzado ya.

—Tomaré más tiempo para meditar.

—Dedicaré más horas a las cosas que amo.

—Pondré mi energía en lo sano, en lo que nutre.

—Apreciaré el aire que respiro y la belleza de los lugares por donde camino cada día.

Revisar mis acciones me permitirá mejorar.

Valorar lo que soy.

Y reconocer que, lo que he llegado a ser, no lo he logrado sola,

sino gracias a los que caminan a mi lado:

mi esposo y mis hijas.

Hay que aprender a disfrutar de las festividades como antes, sin tanto apuro, sin tanta carga.

Dedicar este tiempo a mirar con los ojos del alma, y con la visión del mañana, para que este "tiempo de introspección" —como decía mi abuela— sea provechoso, sanador y revelador.

Para que nos permita comprender un poco más nuestra vida, aquí, en este plano, bajo este cielo... en este bello universo.

Ejercicio Personal

¿Cuándo fue la última vez que te diste un momento real para mirar hacia dentro?

___

___

___

¿Qué emociones o pensamientos suelen surgir cuando haces una pausa y te conectas contigo mismo?

___

___

___

¿Hay alguna verdad sobre ti que hayas descubierto gracias a un momento de introspección?

___

___

___

¿Qué te impide —o qué te ayuda— a permitirte espacios de silencio interior en tu vida cotidiana?

___

___

___

PARTE III

COMPRENSIÓN Y TRANSFORMACIÓN

"No se puede cambiar lo que no se reconoce, ni sanar lo que se evita."

Es muy cierto: no podemos cambiar lo que no reconocemos, ni sanar lo que evitamos. Si no aceptamos que hay un problema, un sentimiento no aclarado, una sombra en nuestra mirada, entonces estamos escondiéndonos de la verdad... de ese enfrentamiento con nuestros sentimientos reales. Y muchas veces lo hacemos porque resulta más fácil no profundizar, ya que enfrentar lo que duele requiere más valentía que seguir cargando ese dolor durante años.

Sin lugar a dudas, la única forma de sanar es haciéndole frente a cualquier situación, sin evitar el dolor o las molestias que pueda traer el proceso. Pero escribirlo se hace fácil... ¿hacerlo? No.

La única diferencia es dónde está la herida: las del cuerpo se pueden ver, y con tratamiento y cuidado suelen sanar. Las del alma, en cambio, no se ven. Pero también requieren tratamiento y cuidado: reconocer, comprender, enfrentar... y hacerlo con honestidad, amor y compasión hacia nosotros mismos.

A veces puede ser muy intimidante no saber qué viene, qué sucederá, qué es lo que sigue. Esa sensación de incertidumbre nos incomoda porque no podemos controlarla. Pero los cambios, aunque nos saquen de lo conocido, suelen ser necesarios y hasta beneficiosos para nuestra vida. Siempre habrá algo nuevo que aprender de cada experiencia que vivimos.

No podemos crecer si no damos paso a la transformación. Y para transformarnos, necesitamos aprender a enfrentar todo lo que se nos presenta, incluso aquellas situaciones que nos traen dolor, pena o decepción. Todos los sentimientos —sin excepción— terminan haciéndonos más fuertes.

Es verdad, no es un proceso fácil. Pero ocurre. Cada vez que permitimos el paso al cambio, ya sea interno o externo, nos transformamos en seres más conscientes de lo que somos. Aprender a ver lo maravilloso en un momento cualquiera no sucede de inmediato; ocurre cuando finalmente entendemos que la vida es eso: vivir el momento, sin dejar de soñar, porque soñar es el gozo del alma.

Tener sueños y añoranzas nos mantiene vivos por dentro. Y aunque sabemos que también habrá desengaños y, quizás, demasiadas expectativas... todo eso es parte de la vida: lo malo, lo bueno, lo que fue y lo que está por venir.

Cuando Cambiar Duele

Los cambios... ¡No me gustan! Es cierto. No creo que sean algo que debería existir —bueno, lo digo desde un punto de vista muy personal— porque nunca estoy preparada, y siempre prefiero estar en terreno seguro, con lo que conozco y manejo, evitando la incomodidad de aprender y adaptarme a algo nuevo.

Mire por donde se mire, los cambios son inevitables. Día a día nos enfrentamos a ellos en todos los niveles: familiar, laboral, emocional y espiritual. Nuestra esencia como seres humanos incluye la capacidad de inventar, mejorar, aprender y crecer. Aun así, parece que algunos de nosotros —como yo— preferimos quedarnos en aguas más calmas, sin sobresaltos, sin desafíos. Sin crecer. Sin avanzar.

Me gusta pensar, sí, claro... y mucho. Pero hacer algo concreto con lo que pienso, ya es otra historia. No sé si es por falta de esfuerzo, por carencia de espíritu, o simplemente por miedo. Muchos de mis pensamientos se quedan en eso: "pensamientos". Me pregunto si los grandes pensadores —aquellos de cuyas ideas se han construido las bases ideológicas que nos rigen— llegaron a realizar realmente sus ideas... ¿O solo las pensaron para que otros las llevaran a cabo algún día? Quién sabe. Puede que sí, puede que no. No estábamos ahí para verlo. Solo nos quedan sus escritos como referencia y guía.

El pensamiento de hoy vino a mí de una manera bastante simple —hasta estúpida, podría decir— mientras veía un aviso en la televisión sobre un nuevo modelo de teléfono celular. Era la misma marca del que uso actualmente, ese que reemplazó al anterior que me acompañó fielmente por unos buenos cuatro años. Como ya dije: no me gustan los cambios. Y hoy por hoy, cambiar de teléfono es, de algún modo, cambiar de vida también. ¿O alguien piensa que no?

Con la cantidad de funciones que hay que aprender para simplemente hacer una llamada... Cuando recibí mi teléfono actual hace más de un año, me tomó meses adaptarme. Y confieso —en secreto— que, aunque estoy contenta con él, y con todo lo que hace y cómo me facilita la vida, no sé ni el 30% de lo que realmente podría hacer. Pero, a quién le importa, ¿verdad? Hace llamadas, las recibe, toma fotos, tiene calendario para anotar citas y hasta emite recordatorios. Aunque, honestamente, a la hora de escuchar ese recordatorio —ya sea un timbre, una campanita o un mensaje en la pantalla— me pasa tan desapercibido como un pájaro volando al lado mío. ¡Igual no me sirve!

El punto es que ese comercial de televisión mostraba un nuevo modelo: más moderno, más veloz, más eficiente. ¿Pero cómo voy a comprar uno nuevo si ni siquiera he terminado de entender el que tengo?

Y entonces me asaltaron nuevas preguntas:

¿Es que voy tan atrasada que no puedo seguir el ritmo de la tecnología?

¿Es por eso que me resisto tanto a los cambios?

¿Existe acaso un nivel de vida más pausado, uno en el que yo pueda encajar mejor?

Y así fue como llegué a esta reflexión sobre los cambios. ¿Por qué me incomodan tanto? ¿Por qué los siento como una presión constante? ¿Y por qué, ante cada uno de ellos, mi primer impulso es cerrarme, resistirme, negarme a aceptar lo que traen consigo?

Normalmente, cuando algo no nos gusta, nuestro cuerpo y nuestra mente buscan instintivamente la manera de evitar todo aquello que nos acerque a eso que nos incomoda. Es un reflejo natural de nuestra condición humana: percibimos, analizamos y, si es necesario, esquivamos. Para eso están nuestros sentidos, ¿cierto?

Volviendo al tema del teléfono, no creo necesitar uno nuevo. Ni ahora, ni mañana, ni dentro de un buen tiempo. Pero me pregunto... ¿qué ocurrirá cuando ese momento llegue y realmente deba reemplazarlo? El salto tecnológico será tan grande que, una vez más, me sentiré desfasada, intentando adaptarme a un nuevo dispositivo del cual, tal vez, solo lograré entender y usar un pequeño porcentaje de sus funciones.

¿Será que en realidad solo necesito ese pequeño porcentaje? ¿O estoy siendo cómoda, justificando mi falta de esfuerzo en aprender? ¿O tal vez —y esto me pesa admitirlo— no tengo la inteligencia suficiente para ver este tipo de aprendizaje como un crecimiento que podría beneficiarme?

No sé cuál es la respuesta más acertada. Quizás sea un poco de todo. Pero de lo que sí estoy segura es que este dilema se manifiesta a muchos niveles.

En el plano laboral, por ejemplo, es muy fácil quedarse atrás si uno no tiene el impulso o la motivación para actualizarse: nuevas técnicas, nuevos programas, nuevas metodologías... y así nos vamos quedando rezagados, viendo pasar los avances sin hacer el esfuerzo por incorporarlos.

En el ámbito familiar, a muchos nos cuesta aceptar que nuestros hijos crecen. Aprender a confiar en que ellos pueden tomar sus propias decisiones, con aciertos y errores, es un verdadero ejercicio de humildad. Y, sin darnos cuenta, nos anclamos en una imagen antigua de quienes fueron, olvidando que ellos también han evolucionado, y que quizás los que no lo hemos hecho somos nosotros.

Y por último, está el plano espiritual —para mí, el más complejo de todos—. Nuestra vida espiritual suele estar cimentada sobre creencias profundas, heredadas, muchas veces difíciles de revisar, y aún más de transformar.

El deseo de comprender el porqué de las cosas, de encontrar sentido al sufrimiento, de buscar respuestas más allá de lo evidente, ha sido una fuerza poderosa en mi vida. Esa búsqueda me ha llevado a cuestionar, a dudar, y también a descubrir. Muchos tienen la dicha de despertar dones y capacidades que siempre habitaron dentro de ellos, pero que no se activaron hasta que se animaron a mirar hacia adentro.

Sin embargo, hay quienes, sabiendo que deben crecer, se niegan. Se cierran. Eligen no avanzar, no cuestionar, no ver. Y me pregunto otra vez: ¿es realmente más cómodo no saber? ¿O simplemente es más fácil hacerse el desentendido para no asumir la responsabilidad de cambiar?

Como dije antes, no me gustan los cambios. Creo que esa aversión me acompaña desde la infancia. Los asocio con turbulencias, con pérdidas, con momentos en los que el suelo se movía bajo mis pies.

Pero la realidad es que no todos los cambios son malos. Sí, toca reconocerlo. Algunos incluso son bendiciones disfrazadas. Sin embargo, nuestros mecanismos de defensa —esos que se activan para protegernos— muchas veces nos ciegan. Asociamos el cambio con lo doloroso, con aquello que alguna vez nos hizo daño, y lo rechazamos sin permitirle siquiera una oportunidad.

En mi caso, durante la niñez, cada cambio era un drama, una pena, una tragedia. No tengo recuerdos de cambios positivos. No los había, o quizás no supe verlos como tales. Y aun cuando ya adulta llegaron algunos que podrían considerarse "buenos", mi mente —programada para el rechazo— los clasificó como amenazas.

Hoy reconozco que esa programación interna me ha saboteado muchas veces. Me he condenado sin querer, frenando el desarrollo de habilidades que estaban dentro de mí desde siempre. Y aunque ya no soy la misma niña de antes, aún cargo con muchas de sus creencias. Cambiar eso... es un proceso. Pero al menos ahora soy consciente.

Recuerdo una de las primeras situaciones en las que tuve la clara sensación de estar saboteando mis propios pensamientos frente a algo que estaba experimentando. Sabía que tenía sueños premonitorios y había decidido estudiarlos con más detenimiento, con la esperanza de comprender mejor los mensajes que traían. Tal vez así, incluso podría anticipar ciertos eventos y evitar quedarme simplemente con la frase: "¡Oh, yo lo soñé!".

Con ese propósito, compré un libro para profundizar en el tema y comencé a leerlo con entusiasmo. Pero solo duré un par de días en ello. Ni siquiera llegué a la mitad. Con el paso del tiempo, esa intención murió como tantas otras ideas que he tenido: ideas que me ilusionaron, pero que no logré concretar.

Un día, limpiando mi clóset, me topé con ese libro. Al verlo, lo supe con total claridad: "Por alguna razón no me gusta cambiar". Algo dentro de mí simplemente no me deja avanzar, aprender o transformar. Y entendí que no se trataba solo del cambio en sí mismo, sino del mecanismo de defensa que se activa automáticamente, bloqueando cualquier avance, incluso si ese avance podría ser bueno para mí.

Este mecanismo actúa de forma tan rápida y silenciosa que ni siquiera me da tiempo de considerar los beneficios. Solo me aleja, me protege —o al menos eso cree—, sin diferenciar entre cambios que podrían herirme y aquellos que podrían sanarme.

Desde aquel instante en que reconocí esa idea, todo empezó a tomar más sentido. Fue el comienzo. Poco a poco, comencé a identificar otras situaciones similares, patrones que se repetían, actitudes que reforzaban esta sensación de autoboicot. Me vi claramente como la principal limitante de mi propio camino.

Y aunque tengo plena conciencia de ello, no he logrado encontrar aún la fórmula para desactivar este mecanismo de defensa. Mi vida se ha convertido en una constante tensión entre lo que sé que debería hacer y lo que, por hábito o miedo, termino evitando. Me doy cuenta de que me limito. Que soy yo misma quien pone freno a mi existencia. Y aunque reconozco esa verdad, hay una parte de mí que se siente más segura permaneciendo exactamente donde está.

Sin embargo, también hay otra parte de mí que ha empezado a empujar —muy lentamente, pero con firmeza— para crecer, sobre todo en el plano espiritual. Aún me queda pelear por el derecho de desactivar ese mecanismo protector, de entender que, a estas alturas de mi vida, los cambios ya no tienen por qué herirme; más bien podrían traerme alegrías, nuevas oportunidades, pequeñas conquistas personales.

¿Pero cómo hacerlo? ¿Cómo se detiene un mecanismo que ha sido parte de ti durante toda una vida?

Esa fue la pregunta que activó esta reflexión personal, como tantas otras veces en el pasado. Siempre hay un punto de partida, algo puntual que me lleva a mirar más hondo, a examinarme con más detenimiento.

Durante meses he estado pensando en cómo introducir pensamientos nuevos que puedan borrar —o al menos suavizar— los viejos patrones grabados en mi mente. Y cada vez que aparece algo nuevo en mi vida, algo que podría significar un cambio real en mi forma de vivir, una parte de mí lo descarta de inmediato, como si no tuviera futuro, como si fuera inútil intentarlo.

¿Será posible pensar que, en lo más profundo, existen situaciones que nuestra alma ya ha vivido antes? ¿Que hay heridas, memorias o vivencias de otras existencias que nos atan, aunque no podamos ver esas ataduras con los ojos?

Escuché decir a un personaje en televisión que, mientras no liberes tu karma —esa carga de energía densa, esa "basura cósmica" que arrastras—, no podrás avanzar ni abrirte a nuevos sentimientos ni pensamientos. Y que solo cuando limpias esa energía, puedes liberar el potencial verdadero de tu alma.

La meditación, decía él, es el primer paso.

¿Pero cómo hacerlo... si ni siquiera puedo meditar?

No son excusas, es mi realidad. Lo he intentado. Pero me duermo. Me disperso. No soy constante. Lo acepto: me considero un ser libre, uno que no tolera ataduras ni obligaciones. Las estructuras demasiado rígidas me agobian.

Me cuesta entregarme a métodos o sistemas que dictan cómo debe hacerse algo.

Así me ayudó esta situación, que había estado rondando mi mente por algún tiempo, y fue ese aviso comercial en televisión el empuje necesario para que pudiera escribir sobre ello. Mientras escribo, voy pensando y analizando todo lo que he dejado de lado por no poder desactivar mi mecanismo de defensa. Y claro que creo que hay pequeñas cosas que uno puede ir haciendo para ayudar en ese proceso.

Es importante aprender a recibir y aceptar, no cuestionar o dudar de cada acción o situación que se nos presenta. También es vital aprender a escuchar, no solo con los oídos, sino con la mente. Allí dentro, en ese universo inmenso que todos llevamos dentro, habita una voz sutil, la intuición, que puede ayudarnos a ser más constantes con nuestras emociones más verdaderas.

Otra herramienta que creo puede ayudar a manejar este mecanismo de defensa es volver a revivir, de cierta forma, aquellos eventos que posiblemente lo activaron. Claro, en esta oportunidad ya no te harán sufrir como antes. Es importante volver a analizar esas situaciones, empleando los conocimientos y años de vivencias que hoy tienes. Es casi seguro que ya no dolerán igual. Intenta imponer un nuevo sentimiento sobre aquel que ya fue escrito en tu mente, pero ahora desde otro ángulo, con otra luz. Incluso si aquella experiencia fue dolorosa, hoy ya no será lo mismo.

Tomando en cuenta los consejos de muchas personas que he conocido en estos últimos años —quienes, sorprendentemente, coinciden en varias cosas sin conocerse entre sí—, una idea se repite con frecuencia: me definen como una persona especial. Y aunque creo que todos somos especiales, cada uno de nosotros en cualquiera de los planos de existencia, ellos se refieren a que, con mis sueños, mis encuentros y mis sensaciones, soy un ser distinto, alguien llamado a cultivar la bondad y el amor hacia los demás.

Pero me ha costado aceptar que algo de lo que yo siento o veo pueda, de alguna manera, ayudar a otros. He comprendido que el cambio era inminente, pero le temía. Le temía a lo desconocido. Y ahí está el punto: siempre le he temido a aquello que no conozco, quizás porque está relacionado con mi estabilidad emocional.

Y todo finalmente va cayendo en su lugar. Si me propongo, de alguna forma, revisar mi vida, mis eventos, mis penas y mis trabas, estaré despejando emociones que me hacían daño, entendiéndolas, y dándoles una nueva interpretación. Una justificación más amable, más sabia. Algo que deje en mí una nueva impresión, más ligera.

Luego pienso que la atención debería enfocarse en aceptar todos los eventos que me han ocurrido. No para cuestionarlos, sino para realmente asumir que puedo ser parte de algo maravilloso, diferente, y que estos eventos hayan llegado a mi vida con un propósito. Y que no significa que los demás tengan que entenderlo. A mí misma me ha tomado años aceptarlo, ¿entonces por qué esperar que otros lo comprendan de inmediato?

Después de conquistar los temores y aceptar con sinceridad, sin más cuestionamientos, viene el verdadero aprendizaje. Hay tanto por aprender... Pero se puede comenzar por pequeñas cosas: poner en práctica lo aprendido, fomentar cambios, aunque sean mínimos, y poco a poco avanzar hacia transformaciones más importantes.

Los cambios son buenos. Aprender el lenguaje del alma, aprender a escuchar con el corazón, mirar a nuestro alrededor con respeto, reconocer las maravillas que la vida nos ofrece cada día, y aprender a querer la vida... Todo eso es también parte de sanar.

Tal vez, una vez puesto este nuevo plan en movimiento, sería posible que el mecanismo de defensa se desactivara y me permitiera abrirme a nuevas ideas, nuevos pensamientos y experiencias, y así disfrutar de ellas y realmente poder decir: "Ahora sí entiendo por qué pasan las cosas."

Si en algún momento te sientes estancado en algo, si las dudas te acosan, si te cuesta aceptar los cambios, incluso cuando mires hacia dentro y lo hagas con el corazón; si te sientes solo o equivocado, sea cual sea la situación... antes de decidir rechazar el cambio o quedarte inmóvil simplemente porque es más cómodo, piensa.

Piensa que tal vez no eres tú, sino que tu mecanismo de defensa está activado, y ese mecanismo podría estar impidiéndote avanzar en lo que sea que estés enfrentando.

¡Detente! Revisa tus acciones, analiza. Puede que haya situaciones del pasado que sean las verdaderas responsables de las trabas que hoy tienes.

Medita.

No necesitas ser un experto. Solo necesitas aprender a detenerte en medio del constante correr diario. Con ese pequeño cambio, estarás abriendo una puerta inmensa hacia un mundo lleno de nuevas posibilidades.

No sufras.

El sufrimiento solo te lastima. Nada bueno florece del dolor prolongado. En cambio, aprende a evaluar el sufrimiento. No se trata de poner la otra mejilla; se trata de aceptar y esperar el cambio. Todo aquello que hoy te duele, mañana dolerá un poco menos.

Sueña.

No permitas que las situaciones que has vivido destruyan tus sueños. Eres libre de cerrar los ojos y crear paisajes hermosos en tu mente. Todo comienza en algún lugar, y siempre con un pensamiento. Cada cosa que has logrado, primero vivió en tu imaginación. No dejes de soñar: los sueños son el alimento del alma.

Ama.

Ámate a ti mismo. Ese será uno de los desafíos más grandes. Aprende a mirar más allá de tu piel, a ver tu interior. Libérate de tus penas y cargas. Ama al ser en que te has convertido.

Reconoce lo bueno y lo que aún necesita crecer. Reafirma tus creencias y comprende que cada etapa que has vivido ha sido una experiencia única e irrepetible.

La vida no termina cuando uno muere.

El cuerpo es el que no puede continuar, por la razón que sea. Pero nuestra vida verdadera está en el espíritu, en eso que llamamos alma. Es el alma quien dirige esta vida... y todas las que vendrán.

Si esta reflexión va en contra de tus creencias, te pido disculpas. Pero también te invito a considerar que si tú tienes derecho a creer en algo, otros también tienen derecho a creer en lo que han elegido creer. Y yo he ido aceptando poco a poco los cambios que me han llevado a pensar que la vida es eterna, y que nuestro Creador es un ser sabio que siempre ha estado con nosotros... solo un poco más arriba de lo que antes creía.

En resumen, los cambios son buenos, incluso cuando duelen. Eventualmente, se convierten en enseñanzas que nos preparan para nuevas experiencias. Quedarse estancado, rechazar los cambios por miedo o comodidad, no es lo ideal. Eso solo retrasa un proceso que, de todos modos, ya ha sido escrito en nuestra historia. Porque los cambios ocurrirán, ya sea en esta vida... o en las que aún están por venir.

Sé sabio. Ábrete a vivir la vida tal y como se te presenta.

EJERCICIO PERSONAL

¿Qué tipo de cambios suelen causarte más resistencia, y por qué crees que te afectan de esa manera?

___

___

___

¿Puedes identificar algún mecanismo de defensa que usas con frecuencia cuando enfrentas una situación emocional difícil?

___

___

___

¿Qué te ha enseñado una experiencia en la que resististe un cambio y luego descubriste que era necesario?

___

___

___

¿Cómo te hablas a ti mismo cuando reconoces que algo dentro de ti necesita transformarse?

___

___

___

La Magia del Momento

¿Podría ser que nosotros mismos fuésemos los verdaderos responsables de muchas de nuestras emociones?

Creo que sí. No lo digo solo por intuición, sino porque lo he vivido. He comprobado que, incluso en medio de los estados más tristes, uno puede reír, y que en los momentos más felices, también puede llorar.

No hace falta una situación especial para que las lágrimas o las sonrisas lleguen. A veces brotan sin razón aparente, irrumpen sin aviso, como si tuvieran vida propia. Los sentimientos no entienden de lógica ni de oportunidad; simplemente aparecen, nos atraviesan y nos envuelven por completo.

¿Y qué hace el infortunado para encontrar fuerzas y levantarse cada día?

¿Será que se aferra a sus recuerdos más luminosos, o que se sostiene con la esperanza de un mañana mejor, aunque ese mañana aún no exista?

Tal vez sí. Y cuesta no pensar que son justamente esos sueños los que le ayudan a seguir adelante, porque de lo contrario, ¿cómo resistir el peso de un calvario que parece no tener fin?

¿Qué hace que el enfermo, incluso sabiendo la verdad de su diagnóstico, aun comprendiendo que sus esfuerzos no cambiarán el destino final, siga luchando sin flaquear hasta su último aliento?

Quizás sea su amor por la vida, su fe sembrada desde la infancia, el abrazo silencioso de sus seres queridos... o esa chispa de esperanza que, contra todo pronóstico, se niega a apagarse.

Y entonces me pregunto:

¿Qué nos falta a nosotros para poder decir, con certeza y sin titubeos: "Sí, soy feliz"?

¿Será que la felicidad es algo tangible?

¿Un resultado, un premio, una recompensa por nuestras buenas acciones?

¿O será que, desde siempre, hemos estado equivocados, y que la felicidad no se consigue, sino que se permite? ¿Se vive? ¿Se descubre en ciertos instantes que parecen escaparse si no estamos atentos?

Me hice estas preguntas una noche cualquiera.

Y me quedé dándoles vueltas por días, dejando que se instalaran en mi mente, que recorrieran mis recuerdos, que tocaran algunas heridas que aún no sanaban. Reflexioné sobre lo olvidado y también sobre todo aquello en lo que nunca me había detenido a pensar.

Y no sé cómo fue, pero un día, revisando unas fotografías antiguas, me encontré sonriendo. Una sonrisa mía, genuina, capturada en el tiempo... y que, curiosamente, no recordaba haber tenido.

La verdad es que no suelo sonreír con frecuencia. La mayor parte del tiempo, mi rostro permanece serio. No es que no sienta cosas hermosas, pero no siempre me nace sonreír.

Y entonces me surgió otra duda:

¿Será eso una señal de que no soy plenamente feliz?

Y cuando sí sonrío...

¿Significa eso que, en ese momento, estoy feliz?

¿O que soy feliz?

¿Hay acaso una diferencia entre estar y ser feliz?

Tal vez sí. Y tal vez, justo en ese instante, en esa sonrisa espontánea que brota sin que nadie la llame, sí soy feliz.

Plenamente feliz. Desde adentro.

Porque en ese breve espacio de tiempo, mis pensamientos, mis emociones y mi cuerpo parecen estar alineados. Porque no hay lugar para recordar penas, ni espacio para que la sombra de la amargura se asome.

Todo se reduce a ese momento puro, ese latido en el que el alma y el cuerpo coinciden y se expresan con una sonrisa sincera.

Tal vez sea ahí donde habita la verdadera felicidad.

En ese instante en el que no esperas nada, no finges nada, no temes nada.

Solo estás. Solo sientes.

Y eso... basta.

Tal vez suene complicado.

Pero dime tú:

—¿Qué no lo es, en este mundo en el que vivimos?

Fue entonces cuando comencé a revisar otras fotografías y me di cuenta de algo revelador: en los momentos más importantes de mi vida, casi siempre estoy sonriendo.

Y no es casualidad: esas imágenes no solo capturan un gesto, sino que guardan la esencia de un instante valioso, un fragmento de felicidad tan auténtico que merece conservarse para siempre.

Son pequeños retazos del tiempo... a veces apenas un segundo, pero suficiente para quedar inmortalizado gracias al arte silencioso de la fotografía.

Amo las fotografías.

Son parte esencial de mis viajes al pasado.

No es que viva anclada en él, pero me gusta volver de vez en cuando, mirar atrás, recorrer los caminos andados, ver los cambios, reencontrarme con personas, emociones… y con partes de mí que había olvidado. Me gusta recordar quién fui, quiénes me acompañaron, y en qué me he convertido con el paso de los años.

Creo profundamente que las fotografías serán mi gran ayuda cuando la memoria empiece a jugar con el olvido.

Cuando los rostros se difuminen, cuando las fechas se vuelvan inciertas, sé que esas imágenes estarán ahí, como faros en la niebla, guiándome de regreso a mis momentos felices.

Y entonces comprendí que ser feliz de forma constante es prácticamente imposible.

Pero vivir por aquellos momentos en los que uno sí lo fue…

eso, tal vez, sea la verdadera razón de nuestra existencia.

Porque, dime:

¿acaso no es una de las emociones más intensas sentir, aunque sea por un instante, la presencia de los seres que amas?

Esa sensación cálida, casi mágica, como si aún estuvieran a tu lado, acompañándote en silencio…

¿Un segundo así podría quedarse contigo para siempre?

Tal vez sí.

Yo siento que sí podría vivir de mis buenos recuerdos.

Porque, así como un segundo puede parecer fugaz, también puede volverse eterno si logra quedarse viviendo dentro de ti, anidado en tu pensamiento, entrelazado con todo lo que guardas en el corazón.

Ahí está la magia del momento.

En aquello que realmente deseas, en lo que, con honestidad, alimenta tu alma.

No en lo que se espera de ti, ni en lo que los demás dicen que debería hacerte feliz, sino en lo que tu corazón reconoce como propio, como verdadero.

¿Alguna vez te has detenido, de verdad, a pensar qué es lo que te hace feliz a ti?

Te invito a cerrar los ojos por un momento.

Deja volar tu imaginación... y piensa en ti. Solo en ti.

Sin juicios. Sin ruido. Sin expectativas.

¿Puedes sentirlo?

¿Puedes ver, aunque sea brevemente, eso que te haría verdaderamente feliz?

Yo lo hago. Y cuando dejo que mis pensamientos se eleven libres, sin límites, sin barreras... sin darme cuenta, una leve sonrisa comienza a dibujarse en mi rostro.

Es como si, por un instante, mi alma respirara.

Hay momentos en la vida que pueden cambiarlo todo.

Instantes que, aunque breves, tienen el poder de decidir el rumbo de tu existencia.

Una palabra, una mirada, un gesto... y todo puede tomar otro sentido.

Son esos segundos que marcan la diferencia entre vivir de verdad o simplemente dejar que la vida pase sin haberla sentido.

Si nuestra vida está hecha de momentos, ¿no sería sabio aprender a reconocerlos?

Estar más atentos, más presentes.

Alinearnos con nuestras emociones reales, y convertir esos instantes en recuerdos memorables, dignos de atesorar para siempre.

Después de todo, ¿quién querría llenar su memoria de penas, de problemas, de tristezas?

¿De qué sirve el sufrimiento si no somos capaces de transformarlo en algo que nos enseñe y nos eleve?

Porque, seamos honestos:

cuando estamos buscando salir de un estado difícil, cuando necesitamos luz en medio de la oscuridad, no buscamos momentos de dolor.

Buscamos lo que nos sanó.

Lo que nos hizo reír.

Lo que nos abrazó el alma.

Buscamos esas escenas en las que la emoción era auténtica,

los sentimientos eran puros,

y la vida tenía ese brillo suave de una tarde serena.

Porque son esos instantes los que irradian el verdadero color del alma.

Son luz.

Esa luz interior que, aunque a veces parpadea, nunca se apaga por completo.

Es esa misma luz la que alumbra nuestro camino cuando todo parece oscuro,

la que da sentido a lo vivido y transforma el presente en algo más bello, más brillante, más lleno de propósito... más digno de ser vivido.

La magia del momento es esa chispa sutil —como un destello del alma— que transforma un instante cualquiera en algo inolvidable.

Es esa luz suave que nace desde dentro, la que convierte ciertos recuerdos en tesoros, y los pensamientos buenos en aire puro que renueva el espíritu.

Así, da gusto respirar.

Y da gusto recordar.

¿Podemos aplicar algo de magia a cada momento?

Tal vez no a todos... pero sí a muchos.

¡Definitivamente!

Aprende a reconocer lo que te hace feliz.

Rescata tus sueños.

Guárdalos como semillas vivas en un rincón sagrado de tu corazón.

No importa qué tan oscuro parezca todo:

todo pasa.

Todo cambia.

Aunque parezca irreal, esa es la verdad:

los problemas de dinero, los conflictos familiares, las enfermedades que nos doblegan...

todo, en algún momento, cambia.

Todo se transforma.

Aprende a respirar profundo.

Cada día es una nueva oportunidad.

Un espacio abierto en el que puedes dejar algo valioso: una memoria, una sensación, un instante que perdure más allá del tiempo.

Aún quedan muchas cosas que siguen siendo gratuitas:

pensar, respirar, soñar, mirar el cielo, abrazar a quienes amas, desear el bien...

leer, escribir, bailar, pintar, sentir...

y simplemente, vivir.

La magia del momento también es sabiduría.

Es esa voz suave que te susurra al oído:

"Sonríe en lugar de llorar. Mira hacia adelante, en vez de quedarte atrapado en lo que pasó."

Es esa pequeña fuerza interior que te devuelve el poder sobre tu camino,

y te recuerda que, a pesar de todo, tú puedes elegir cómo vivir cada instante.

Los sueños son tuyos.

Te pertenecen.

Viven dentro de ti, en ese universo personal donde todo es posible.

Allí, donde la luz dorada baña tu imaginación...

ahí es donde la magia habita.

Desde ese lugar nacen las fuerzas para continuar, el aliento para no rendirse,

y el valor... para volver a intentarlo.

Sí, lo sé.

Poner buenas vibraciones donde no las hay no es fácil.

Yo también lo he sentido.

También me he preguntado, más de una vez:

¿de qué sirve tanto esfuerzo, si las cosas no salen como deberían?

Claro, lo pienso desde mi perspectiva humana.

Pero... ¿quién soy yo para saber lo que el destino tiene reservado para mí?

Solo sé que, mientras esté aquí, debo hacer lo mejor que pueda con mi vida.

Día a día. Minuto a minuto.

Y si tengo la posibilidad de mejorar, aunque sea un pequeño fragmento de mi existencia,

entonces vale la pena intentarlo.

Hay momentos duros.

Situaciones que nos desarman.

Instantes en los que todo se vuelve gris y sentimos deseos de rendirnos.

Pero existen herramientas...

pequeñas terapias personales del alma...

que pueden ayudarnos a salir de esos lugares oscuros.

Hoy quiero compartirte una de ellas:

el arte de visualizar.

Usar tu mente como refugio.

Crear dentro de ti la escena que necesitas para sanar.

Cierra los ojos.

Respira profundo.

Deja que tu cuerpo se relaje.

Imagina que frente a ti hay una gran pantalla interior.

Llueve sin parar.

Todo está oscuro.

El frío se cuela por los rincones del alma.

Ese es tu estado actual.

Míralo. Siéntelo.

Recorre esa imagen con tu mirada interna.

Y ahora...

en el centro de esa pantalla, eleva la vista.

Mira ese cielo gris, cubierto de nubes pesadas, cargadas de lágrimas.

Pero no te detengas allí.

Lentamente, lleva tu mirada hacia la esquina superior derecha.

Allí, comienza a asomarse el sol.

Sus rayos dorados se abren paso entre las nubes.

Una brisa suave llega y, con ternura, empuja la tristeza del cielo.

La luz avanza.

Te acaricia la piel.

El viento se vuelve cálido.

Las nubes comienzan a disiparse.

Y entonces aparecen los pájaros,

revoloteando entre flores recién bañadas por la tormenta,

despiertas ahora, llenas de aromas, de vida, de color.

Todo reverdece.

Todo brilla.

Ese paisaje...

ese instante perfecto, ese suspiro del alma...

Esa es la magia del momento.

Ejercicio Personal

¿Te ha pasado alguna vez que una simple sonrisa haya capturado un instante de verdadera felicidad, aunque todo a tu alrededor no fuera perfecto?

____

____

____

¿Guardas recuerdos que, por pequeños que sean, se han vuelto tu refugio en momentos difíciles?

____

____

____

¿Qué cosas, aunque sencillas, te conectan con la paz o con la sensación de estar realmente vivo?

____

____

____

¿Has intentado crear dentro de ti un espacio de calma, una visualización o un pensamiento que te devuelva fuerza cuando todo parece gris?

____

____

De qué sirve la vida si no la puedo vivir

Para muchos hogares en nuestro mundo, diciembre es un mes cargado de ambiente festivo. Ya sea por la tradición católica o por otras creencias que coinciden en sus fechas de celebración, este mes suele traer consigo reuniones familiares que se preparan con antelación durante todo el año. Se comparten alegrías, comidas especiales, regalos, abrazos y momentos que, en teoría, deberían reconfortar el alma.

El país donde vivo es muy extenso, y es común que las familias estén dispersas a cientos de millas unas de otras. Pero diciembre tiene la magia de acortar distancias. La gente viaja a pesar de los inconvenientes: algunos por aire, otros por carretera. Se cruzan fronteras y se vencen obstáculos con tal de reencontrarse.

Sin embargo, que diciembre esté lleno de festividades no significa que todo el mundo esté feliz. La Navidad no siempre se vive con gozo. Para muchas personas, esta época es simplemente otra estación más en el calendario, marcada por el dolor, la ausencia, la lucha o el desánimo. Para ellas, el deseo de una "Noche Buena" no es más que un anhelo profundo de descanso; el deseo de poder soltar, aunque sea por un instante, el peso de sobrevivir en un mundo que se ha vuelto frío, hostil y falto de esperanza.

No todos se divierten en las fiestas y eso lo sé de buena fuente. Hay quienes necesitan ayuda y no tienen a quién pedírsela. Están solos. Nadie los acompaña. Nadie los llama. Y quizás ni siquiera una comida caliente tienen en su mesa. Están como almas errantes, deseando que esos días pasen rápido para volver al anonimato del día común, donde el vacío duele un poco menos. En esos instantes, su única y fiel compañera es la Soledad.

Detrás de cada persona hay una historia, y detrás de cada historia, un sentimiento. A veces alegre, otras veces amargo. Cada ser es un mundo, y cada mundo es un universo. Todos distintos. Por eso, mis palabras de hoy van dirigidas a quienes no sonríen, a quienes enfrentan sus temores en soledad, en la intimidad de sus pensamientos o en la oscuridad de una habitación cualquiera. A quienes han perdido a un ser querido. A quienes están enfermos. A quienes esperan en silencio su turno para dejar este mundo que ya no les ofrece consuelo.

El dolor es una forma de expresión profundamente humana. Y hay dolores tan intensos que hasta respirar duele. El cansancio no es solo físico; también es emocional. Es el agotamiento de una mente que ya no puede pensar más. Y a veces, pareciera que la soledad se sienta junto a ti con la intención de quedarse para siempre.

Lloras cuando nadie te ve. Piensas de día y de noche, incluso cuando duermes. Buscar una mano que se extienda hacia ti parece una ilusión. Nadie parece escuchar. Y entonces, tu mente te arrastra hacia el pasado, hacia ese tiempo en que aún había ilusiones, planes, pasiones, afectos. Y de pronto, todo eso se ha esfumado. Ya no queda nada. Sientes que tu vida se ha vaciado de sentido.

Y, sin embargo, te digo esto: aunque no sé quién eres ni dónde estás, te comprendo. Te extiendo mi corazón porque sé que no estás solo. En este mundo hay muchos como tú, que sufren en silencio, que luchan con sus sombras, que sobreviven al día como pueden.

Si tan solo pudieras ver más allá de esas barreras internas, descubrirías que tu dolor no es único —aunque lo parezca— y que esto que hoy te ahoga no será el final de tu historia.

Las alegrías que muchos muestran no siempre son reales. A veces son solo una capa protectora que cubre por completo el alma, un escudo invisible que impide que otros vean los sentimientos verdaderos. Esa sonrisa que se ve desde fuera muchas veces esconde llanto, cansancio, frustración o desesperanza. Porque hay quienes sufren en silencio, lloran en privado y cargan con sus penas en soledad. Por eso, el brillo y la aparente buena fortuna de algunos no siempre reflejan felicidad. Puede ser tan solo una imagen cuidadosamente construida.

Cómo quisiera poder decirte, amiga, amigo, que en este preciso momento estoy pensando en ti. Que le pido a nuestro

Creador que su luz divina llegue hasta lo más profundo de tu ser. Que te abrace en tu dolor. Que te dé la fuerza necesaria para continuar. No importa cuál sea tu tristeza, no importa cuán grande parezca el vacío: no estás solo. Hay muchos como tú que también sufren en silencio, atrapados en un mar de emociones que no da tregua, que no ofrece descanso, solo más incertidumbre, más preguntas sin respuesta.

Quisiera prometerte que tu pena pasará, que todo mejorará pronto, que recuperarás tu alegría. Pero no soy quien controla los hilos de tu vida, ni tengo poder sobre tu destino. Ni siquiera sé tu nombre ni dónde estás. Aún así, desde lo más profundo de mi corazón, te extiendo mi mano con sinceridad y humildad, y elevo mi pensamiento con la esperanza de que, de alguna manera, estas palabras te alcancen.

Deseo que encuentres claridad en tu mente y consuelo en tu corazón. Que la paz vuelva a instalarse en ti. Que esos buenos sentimientos, que a veces creemos perdidos, vuelvan a florecer y te permitan ver más allá de tu situación actual.

A veces, la vida puede parecer ingrata, repetitiva y hasta cruel. Puede darnos la impresión de que jamás cambiará. Pero no siempre es así. Cada día que abrimos los ojos se nos entrega un regalo. El sol que nos alumbra, el aire que respiramos y la noche que llega para descansar... ese ciclo sencillo pero profundo es la prueba de que aún estamos vivos, y vivir es, en sí mismo, una posibilidad renovada.

Formamos parte de un sistema magnífico en el que, aunque no lo parezca, todo tiene su lugar. Somos piezas únicas de un rompecabezas complejo. Cada quien con su rol, con su tiempo, con su historia. A veces no entendemos el propósito de lo que vivimos, pero, con el tiempo —cuando estamos listos— se nos revelan los porqués. Tal vez aún no lo comprendas, pero llegará el momento en que sabrás qué vino tu alma a hacer en esta vida.

Sea cual sea tu situación, debes recordar algo muy importante: eres un ser valioso, lleno de luz y de bondad, y estás aquí por una razón. Llevas dentro de ti una chispa divina —nuestra alma— que es guía, faro y motor. Ella nos da sensibilidad, nos conecta con los demás, nos hace humanos. Dentro de lo más profundo de ti, vive esa luz.

Sé que es fácil decirlo. Lo sé. Sé que las palabras pueden parecer vacías cuando el dolor es tan grande. Pero también sé lo que es pasar por momentos difíciles. He sentido el peso del sufrimiento, el enojo, la rabia, la decepción... He dudado. He perdido la fe. Tal vez, igual que tú, llegué a pensar que nada bueno podía venir más adelante.

Y, sin embargo, estoy aquí. Y tú también lo estás.

Si te preguntas: "¿Por qué habría de creer que algo será mejor, cuando todo parece ir de mal en peor?"... te entiendo. Cuando vemos las tragedias que azotan al mundo, cuando el hambre aún no ha sido saciada para tantos, cuando la injusticia parece no tener fin... es difícil mantener la fe. Y más difícil aún es escuchar palabras como "Dios sabe por qué hace las cosas", cuando lo único que uno quiere es consuelo, no explicaciones vacías.

Yo estuve ahí. En esa misma posición. Entre la duda y el descontento, entre el enojo y el desencanto. Llegué a odiar mi vida. Rechacé la idea de ser feliz. No podía ver una salida clara a los eventos que oprimían mi existencia. Sentía que todo se desmoronaba a mi alrededor y que, aunque gritara, nadie escuchaba.

No puedo decir que la vida no me haya cambiado. Sería mentir. Pero sí puedo decir que ese cambio vino desde dentro. Aún estoy aquí, en este plano, respirando, viviendo. Mi vida sigue —ni mejor ni peor, simplemente mía—. Tal vez pude haber tenido otras cosas, otros caminos, otros desenlaces. Pero este es el que me tocó vivir. Y, paso a paso, he aprendido a valorar cada experiencia, cada caída, cada pena y cada alegría. Todo deja huella. Todo deja enseñanza.

Hace algún tiempo decidí abrir por completo mi mente. Sentí la necesidad imperiosa de emprender un camino distinto, de buscar la verdad profunda sobre quién soy y por qué estoy aquí. Así como mi padre —quien pasó su vida entera hablando de la "búsqueda de la luz"—, yo también sentí esa urgencia. Y aunque en su tiempo muchos se rieron de su búsqueda, hoy entiendo mejor su necesidad. Porque yo también dejé que mis dudas salieran a la luz. Abrí mi corazón, coloqué todas mis preguntas sobre la mesa y me dispuse a mirar con valentía cada una de ellas.

Mi religión, mis creencias, mis deseos, mis expectativas... todo fue sometido a un escrutinio profundo. Y aunque no sabría decir con exactitud cuándo comenzó la transformación, estoy segura de que ocurrió. Porque algo dentro de mí cambió para siempre.

Fui bautizada como hija de Dios, según la tradición católica. Me formé en un colegio religioso, hice mi primera comunión, mi confirmación. Crecí creyendo y practicando los mandamientos que la Iglesia Católica enseñaba como verdades absolutas. Fui fiel seguidora, devota y respetuosa. Pero con el tiempo, algo en mi interior comenzó a cuestionar.

Mis creencias

Como se diría hoy, eran "complicadas". Desde niña sentí cosas que no sabía cómo explicar. Experimenté situaciones que no podía contar sin temor a ser juzgada. Sabía que no estábamos solos en este mundo. Intuía que después de la muerte había algo más. Y creía que, de alguna forma, nuestra vida estaba escrita desde antes de comenzar. Que los eventos que vivimos no eran casualidad, sino parte de un plan mayor.

Mis deseos

Crecí con una formación religiosa muy marcada, como buena católica, y desde pequeña soñaba con tener una familia. Al mismo tiempo, deseaba ser una mujer profesional, independiente, con la fuerza suficiente para no depender de ningún hombre. Siempre fui una mente activa, soñadora y creativa, y por eso me costó mucho definirme o caminar en una sola dirección. Mi espíritu quería explorarlo todo.

Mis expectativas

Siempre he creído que fueron demasiado altas. Tal vez por eso muchos de mis sufrimientos se volvieron largos y difíciles de mitigar. Me ilusioné con futuros que no llegaron, idealicé caminos que no eran para mí, y esperé más de lo que la vida o los demás podían ofrecerme.

Pero, luego de un extenso proceso de introspección y exploración de los caminos de la vida, he descubierto muchas cosas nuevas sobre mí. Algunas no han sido fáciles de aceptar, otras han requerido trabajo personal profundo, pero todas me han llevado a una verdad: la vida es mucho más grande, compleja y sabia de lo que jamás imaginé. Y los sufrimientos, las penas, los fracasos... son solo una parte del misterio que llamamos vivir.

Hoy, después de todo este análisis, mis ideas han evolucionado. Sigo creyendo en un Dios superior, magnífico y bondadoso, pero no lo imagino encerrado en reglas, templos o estructuras. Lo veo libre, sin prejuicios, cercano. Un Dios amigo. El único. El creador del universo, de esta tierra hermosa, de la vida misma.

Mis creencias se han ampliado y fortalecido. Hoy estoy convencida de que la vida no termina con la muerte del cuerpo, porque eso es todo lo que muere: el cuerpo. Nuestra alma forma parte de la luz divina. Es ella quien nos mueve, quien nos impulsa a buscar, quien nos conecta con lo sagrado.

Mis deseos también han cambiado. Ya no persigo grandes logros, sino momentos significativos. Vivo el día a día con la conciencia de que cada instante es único, irrepetible. Deseo paz, sosiego, una vida sencilla. Tiempo para compartir con quienes amo, para saborear las cosas simples que ahora sé que son las más importantes.

¿Y mis expectativas? Curiosamente, ahora son más grandes, pero no en lo material. Espero mucho más de la vida, pero en lo profundo. Espero poder comprender con claridad mi propósito, la razón de mi existencia. Quiero concretar todo aquello que nunca logré y plasmar en papel todo lo que mi alma me dicta. Ya no espero que la vida sea perfecta, solo que sea vivida con propósito y plenitud.

Los problemas del día a día siguen ahí: las preocupaciones económicas, las tensiones familiares, los altibajos de salud. Nada ha desaparecido. Pero algo ha cambiado en mí: mi actitud. Y con esa nueva mirada, hoy me hago una pregunta con mayor conciencia y determinación:

¿De qué sirve la vida si no la puedo vivir?

Por eso hoy, desde lo más profundo de mi corazón, quiero decirte esto: tu vida tiene un propósito. Todo lo que atraviesas —lo bueno y lo difícil— es parte del viaje. No decaigas. Levanta la mirada, abre tu corazón. Cree como un niño cree, sin miedo, sin reservas. Cree en tu Dios como tu aliado. Cree que vendrán momentos mejores, que volverás a sonreír, que vivirás emociones hermosas. Cree que lo duro que vives hoy está forjando tu temple para todo lo que vendrá.

Y lo más importante: cree incluso en aquello que todavía no puedes ver, pero que, con el tiempo, entenderás.

Vive tu vida.

Tu vida es única y valiosa.

Eres un ser irrepetible con una misión sagrada:

la de vivirla.

Ejercicio Personal

¿Has atravesado momentos en los que sentiste que tu vida había perdido sentido o dirección?

___

___

___

¿Te has permitido alguna vez detenerte y mirar hacia dentro, para preguntarte quién eres realmente y qué necesitas en lo más profundo de tu alma?

___

___

___

¿Qué creencias o expectativas has tenido que replantearte para poder seguir adelante con más paz y claridad?

___

___

___

¿Puedes reconocer hoy, aunque sea un poco, la fuerza que hay en ti y la posibilidad de vivir tu vida con propósito, a pesar de las dificultades?

___

___

NO DEJES NUNCA DE SOÑAR

"Si no pudiéramos soñar, la vida sería vacía y difícil de vivir.
De los sueños nacen las ideas y los caminos por los que tu vida irá andando"

Desde que tengo memoria, mi mente iniciaba viajes hacia mundos invisibles —lugares construidos para escapar del dolor de casa. Mientras mis padres discutían, yo me refugiaba en pensamientos imposibles: historias que aún no sucedían, paisajes fantásticos, personajes que solo existían en mi mente. Eran ideas íntimas, tan propias que no podía compartirlas con nadie. Creo que sin darme cuenta desarrollé ese hábito como mi refugio emocional, una especie de terapia secreta. Esos instantes me devolvían una sonrisa silenciosa cuando la realidad se volvía demasiado dura para soportar.

Cuando era niña, la armonía en mi hogar brillaba por su ausencia, así que me refugiaba en mis lápices de colores y hojas en blanco. Coloreaba cielos infinitos, mares profundos, estrellas danzantes... y siempre dibujaba grandes corazones junto a las figuras de mis padres y la mía. Era mi forma de dibujar la paz que yo anhelaba: soñaba con que dejaran de pelear y encontraran una manera de estar bien juntos. No entendía entonces que algunas cosas, aunque queramos que permanezcan unidas, funcionan mejor por separado. Mis padres eran un ejemplo de ello, pero mi corazón infantil todavía creía que el amor sería suficiente para mantenerlos juntos.

Desarrollé mi pasión por la escritura a los diez años. Es el primer recuerdo que tengo de crear algo con sentimiento verdadero. Era una tarjeta que acompañaba un poema dedicado a mi mamá por el Día de la Madre. Pero este texto fue distinto: no se limitó a las cuatro o cinco líneas que solía escribir para tarjetas escolares; esta vez me extendí mucho más—porque lo sentía dentro de mí, y tenía que decirlo.

Mi madre llevaba tiempo contemplando un vestido color melón, colgado en la vitrina de una tienda. Yo lo veía cada vez que pasábamos frente al local y su mirada se llenaba de ilusión. Entonces decidí que sería mi regalo para ella. Pero aquel vestido tenía un precio superior a lo que yo podía reunir en mis pequeños ahorros. A mis diez años, no tenía cómo juntar más dinero, pero había algo que sí estaba a mi disposición: mi imaginación.

De pequeña, sentía que estaba en una misión secreta: regalarle a mi mamá ese vestido color melón que tanto anhelaba. Primero, imaginé cómo juntar el dinero; luego, planifiqué reservarlo en la tienda; y, finalmente, soñé con su cara iluminada, tan radiante que pareciera tocar las estrellas al verlo. No recuerdo exactamente cuándo se lo conté a mi abuela, pero sí sé que fue a tiempo, pues el Día de la Madre, en mi tierra, llega en otoño. Así que aproveché el verano, que pasaba casi por completo con ellos, saliendo mucho y consiguiendo "esas pequeñas propinas" que iban a parar a una bolsita guardada en su cartera.

Fue fascinante emprender este proyecto: los días tenían un propósito concreto. Cada semanita, metía mis monedas ahí, sintiendo que avanzaba en mi plan. Ese ritual me hacía sentir responsable y feliz, con la ilusión tan viva en el pecho que, al cerrar los ojos, podía visualizar a mi mamá girando en su vestido, sonriendo como si volara.

Mi abuelo era un hombre bondadoso y consentidor; siempre tenía un detalle para mí, ya fuera un dulce, un juguete pequeño o un billete para comprar golosinas. Gracias a su generosidad, pude reunir el dinero necesario para aquella gran sorpresa que tenía destinada a mi madre. Me imaginaba a ella abriendo el regalo, sonriendo con esa ternura que solo un vestido especial en un día significativo puede provocar, y en mi mente era como si su tristeza se levantara, reemplazada por una luz nueva y esperanzadora.

La fecha para retirar el vestido llegó finalmente. Fue un momento mágico: viajamos juntas con mi abuela hasta la tienda, y allí, con manos temblorosas de emoción, pagamos lo último que faltaba. En mis pensamientos, ya visualizaba la prenda doblada y lista para colocarse en una caja hermosa, con un lazo cuidadosamente atado. Quedaba menos de un mes para el Día de la Madre, así que solo restaba elaborar la tarjeta. Decidí que la diseñaría yo misma, porque la fascinación de crear algo personal superaba cualquier otra alternativa. Imaginaba mis colores favoritos plasmados en papel, un mensaje escrito con todo el cariño y la gratitud que cabían en mi corazón infantil.

De todos los recuerdos que conservo, unos permanecen vívidos y otros simplemente se desvanecen. Pero hay momentos que guardo con claridad: una tarde cualquiera, en medio de una semana escolar, estaba en mi habitación con mis hermanos. Normalmente, yo era la única que permanecía despierta mientras los demás dormían en la oscuridad del pasillo. Aquella noche, en lugar del silencio habitual, algo rompió la calma: escuché sollozos.

Me incorporé en mi cama, el corazón latiendo con fuerza, esforzándome por entender si realmente estaba oyendo lo que creía. Así fue: mi mamá lloraba. No había voces alzadas, ni discusiones, y mucho menos los golpes que antes solían escuchar. Era un llanto suave, lleno de tristeza, pero sin furia, y se prolongó varios minutos, como si intentara deshacerse del peso acumulado. Luego, todo se aquietó; la casa recayó en el silencio.

En ese instante comprendí que algo iba mal, pero aún no sabía qué. Aquella vez, el llanto no fue un estallido, ni un grito para llamar la atención. Fue diferente: una expresión genuina de dolor. Fue la primera vez que la oí llorar así, y me quedó grabado como un matiz inquietante de una noche oscura en la que el alivio del llanto fue la única compañía.

Desde aquel día, todo cambió. Mis padres ya casi ni se hablaban, y yo pasé a pasar la mayoría del tiempo con mis abuelos, que se convirtieron en mi refugio y mi consuelo. Lo que antes era un hogar cálido se tornó tenso: las miradas esquivas flotaban en el aire, y el silencio se posaba sobre nosotros como una manta opresiva, impidiendo cualquier pregunta o palabra.

Éramos niños, y difícilmente podríamos haber articulado aquello que sentíamos. Sin embargo, yo lo percibía con cada poro de mi piel: algo se había fracturado.

De pronto, las ganas de terminar la tarjeta desaparecieron. Ese proyecto mágico que había comenzado con tanta ilusión se fue drenando de mi pecho, sin que yo supiera exactamente por qué. Una sensación extraña, indefinible, empezó a oprimirme el corazón. Lloraba sin motivo aparente, sin entender de dónde venía tanta tristeza.

Recuerdo con claridad los domingos en la iglesia, un ritual familiar motivado por la devoción de mi abuela. En cada misa, me arrodillaba ante la imagen de la Virgen, guiada por las enseñanzas de mi abuelita. Ella me repetía con ternura: "Pídele a la Virgen por tus papás". Yo cerraba los ojos, juntaba mis manos, y rogaba en silencio, deseando con todo mi corazón que mis padres volvieran a hablarse, a reír, a ser una familia unida.

Una noche antes del Día de las Madres, comencé a escribir la tarjeta que aún faltaba. Pero, lo que empezó como un dulce detalle terminó convirtiéndose en una larga carta, llena de ternura y emoción, dirigida a mi mamá. Hoy no recuerdo exactamente las palabras que usé, pero lo que sí atesoro es el momento en que la vi llorar de alegría mientras leía una y otra vez mis líneas. No era solo por el vestido... era porque mis palabras habían llegado a lo más profundo de su corazón.

No sé qué decía la carta, pero me imagino que era hermosa, porque mi madre la conservó durante mucho tiempo, junto con las otras tarjetas y dibujos que sus hijos le regalamos. De nosotros, yo era la única que a esa edad —tenía unos diez años— podía escribir algo tan extenso; mis hermanos aún eran muy pequeños para expresar tanto en palabras.

Durante los años que siguieron todo se complicó. No exagero al decir que cada palabra que contara de ese periodo necesitaría cuidado, pues sanar las heridas nos tomó mucho tiempo. Efectivamente, mis padres se separaron. Mi abuelo paterno fue nuestra fortaleza: nos guió durante la mudanza y nos llevó a un lugar más seguro, lejos de quien había sido una persona dañina en nuestra vida.

Era de esperarse que la vida cambiara drásticamente... y así fue. El dinero dejó de sobrar y las mudanzas se convirtieron en una constante. Para mí, la adolescencia llegó acompañada de enormes responsabilidades. Mis hermanos pequeños dependían de mí mientras mi mamá trabajaba. Fue entonces cuando aprendí a cocinar, limpiar y cuidarlos —todo a una edad en la que debería haber tenido menos preocupaciones—.

Además, el hecho de estudiar en un colegio privado y católico agregó nuevas exigencias: tareas, uniformes impecables, disciplina... elementos que contrastaban con el desorden emocional que vivíamos. Mis abuelos intentaban mantener lo que normalmente era mi vida, luchando para que las carencias no me dañaran demasiado. Aun así, el sufrimiento fue profundo y latente.

Cuando cumplí quince años, mi mamá quiso organizarme una pequeña celebración en casa. Eran los quince —una fecha importante— y, aunque los recursos no abundaban, la fiesta se hizo con amor. Esa noche, me prestó un vestido muy especial: el mismo que un día deseó para ella, pero que nunca llegó a usar. Siempre lo guardó con cariño, y cuando me llamó para probármelo, me dijo con ternura que quería verme hermosa, que fuera un día inolvidable. Y así fue.

Pero su verdadero regalo fue aún más significativo. Me entregó una delicada cadena de oro con un colgante en forma de corazón. No era plano, tenía volumen y parecía latir por sí mismo, como si guardara un eco del amor que nos unía. Junto a él, una tarjeta escrita de su puño y letra que decía:

"Así como tú un día me regalaste tu corazón y me ofreciste las estrellas y el universo,

Yo hoy te los devuelvo, porque ahora te corresponde a ti tener el mío.

Y tú tienes que alcanzar las estrellas y recorrer el universo.

No dejes nunca de soñar, hija mía."

Aquel mensaje era una respuesta a la carta que yo le había escrito a los diez años. Un acto de amor recíproco que selló, para siempre, ese lazo tan profundo entre madre e hija.

Desde entonces, y durante muchos años, soñé con viajar por el universo. Hoy, después de tanto recorrido, aún puedo cerrar los ojos y ver mundos enteros dentro de mí. La diferencia es que ahora, al abrirlos, comprendo que vivo dentro de aquello que alguna vez creí inalcanzable. Vivo en lo que, un día, solo fueron sueños.

Ejercicio Personal

¿Tuviste un refugio secreto en la infancia, como la imaginación, el arte o los sueños, para sobrellevar momentos difíciles en tu hogar?

____

____

____

¿Alguna vez realizaste un gesto de amor que creías pequeño, pero que dejó una huella profunda en el corazón de alguien que amas?

____

____

____

¿Qué sueños de tu niñez siguen vivos dentro de ti, aunque el tiempo y las responsabilidades hayan intentado silenciarlos?

____

____

¿Te has permitido reconocer la fuerza que desarrollaste en medio del dolor, y cómo esa fortaleza ha dado forma a la persona que eres hoy?

____

____

Grandes Expectativas

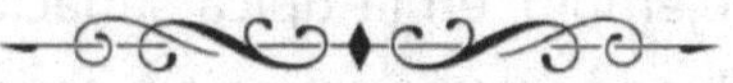

"Te di todo lo que tenía, te confié mi vida, creí en tus palabras…
¿y ahora me pagas así?
¿Es que no ves todo lo que hice por ti?"

Cuántas veces nos hemos sentido defraudados después de vivir situaciones inesperadas. A veces, estos momentos no son necesariamente graves o importantes, pero logran desnudar sentimientos que nos sorprenden por su intensidad. De pronto, una decepción aparentemente pequeña se convierte en el reflejo de un dolor profundo: el de haber esperado más de lo que la realidad nos podía dar. Y es entonces cuando comprendemos que esas grandes expectativas que habíamos construido eran, en muchos casos, una ilusión creada por nuestra mente y nuestros deseos.

Tener expectativas no es algo negativo en sí mismo. Todos las tenemos, en mayor o menor medida, ya sea sobre una situación, un vínculo o incluso sobre nosotros mismos. Pero cuando esas expectativas no están alineadas con la realidad, es ahí donde se gesta el conflicto. No se trata de dejar de soñar o de esperar lo mejor, sino de aprender a formar expectativas más conscientes, más equilibradas, más reales. No tan idealizadas.

Pensemos, por ejemplo, en la típica situación de conocer a alguien nuevo. Puede ser una amiga, un amigo, una pareja. Al comienzo todo fluye. La conexión es fácil, las conversaciones profundas, las risas frecuentes. Sentimos que esa persona ha llegado a llenar un espacio que no sabíamos que estaba vacío. Nos abrimos, confiamos, nos dejamos llevar. Y en ese impulso tan humano de querer pertenecer y sentirnos comprendidos, rápidamente colocamos a esa persona en un pedestal emocional: le atribuimos cualidades que aún no conocemos del todo y proyectamos en ella lo que quisiéramos que fuera.

¿Y qué sucede cuando algo no sale como esperábamos? ¿Cuándo esa persona no responde como hubiéramos querido ante una situación importante? Entonces aparece la decepción. Y junto con ella, la frustración, la tristeza y, muchas veces, el enojo. Sentimos que nos fallaron, que no fueron lo que pensábamos. Pero, ¿realmente nos fallaron ellos, o nos falló la imagen que nosotros construimos de ellos?

El corazón humano tiene una necesidad constante de conexión y entendimiento, y a veces esa necesidad nos hace pasar por alto señales que deberían habernos invitado a ir con más calma. Nos aferramos a lo que encaja con nuestras expectativas y minimizamos o ignoramos lo que no lo hace. Vemos lo que queremos ver, no lo que realmente está frente a nosotros.

Una parte fundamental del crecimiento personal es aprender a reconocer esa diferencia. Es vital que, cuando iniciamos un nuevo vínculo o cuando emprendemos un nuevo camino, sepamos cuáles son nuestras expectativas y de dónde vienen. ¿Estamos proyectando carencias no resueltas? ¿Estamos idealizando para llenar vacíos? ¿Estamos escuchando al otro, o solo escuchamos lo que queremos oír?

También debemos hablar de la reciprocidad. Con frecuencia damos esperando recibir algo a cambio, aunque digamos lo contrario. Decimos frases como: "Lo hice porque lo sentía", o "No esperaba nada a cambio", pero muy dentro de nosotros, existe una expectativa implícita de reconocimiento, de gratitud, de afecto. No recibir eso puede doler más de lo que nos atrevemos a admitir.

Tal vez no se trata de tener menos expectativas, sino de tener expectativas más saludables. Expectativas que no nos cieguen, que no nos impidan ver a las personas tal como son, con sus luces y sus sombras. Expectativas que estén más ligadas a la aceptación que al deseo de controlar. Porque, al final del día, la única persona sobre la que tenemos verdadero control es sobre nosotros mismos.

Pienso que se crea un acto condicionado cuando uno da algo, ya sea un presente, un gesto, una acción, tu tiempo o cualquier otra muestra de entrega. No importa lo que creas que estés pensando en ese momento, porque cuando la situación se presente, inevitablemente te preguntarás por qué no te han brindado el mismo gesto, la misma acción, la misma cantidad de tiempo. Y terminarás comparando lo que tú diste con lo que recibiste.

Pero no te castigues por ello, la mayoría de nosotros hacemos lo mismo: pensamos y esperamos de acuerdo con cómo actuamos. Sin importar el sentimiento que te haya motivado a iniciar una acción en la que entregas algo de ti, esta debería, desde el comienzo, ser una acción libre de compromisos, con la plena claridad de que no habrá un retorno asegurado. Quien reciba ese gesto tuyo no está obligado a devolverlo de manera equivalente.

Si tú das —si entregas algo de ti— así sea tan solo la acción de escuchar a otro ofreciendo tu tiempo, eso no significa que los demás te escucharán a ti ni que tendrán tiempo para ti. En realidad, solo significa que tú has dado algo valioso desde tu ser. Hay personas que no piensan en los sentimientos ajenos, ni en la sensibilidad de otros; simplemente no consideran que sus acciones puedan tener efectos adversos.

Las expectativas, creo yo, nacen desde un punto de vista algo egoísta. Siempre esperamos algo a cambio. "Yo te doy, tú me das". Pero no debería ser así. Deberíamos aprender a dar, a compartir, a servir sin esperar nada a cambio. Las únicas cosas que realmente puedes esperar son aquellas que tú misma eres capaz de generar o crear; cosas que dependen únicamente de ti. Solo así evitamos crear falsas expectativas con respecto a otros.

No podemos asumir que todo en la vida es recíproco, porque no lo es. Y mucho menos, como lo imaginamos.

Cuando tenemos expectativas muy altas —cuando imaginamos situaciones que aún no han ocurrido y proyectamos emociones o respuestas que deseamos recibir— nos arriesgamos a caer en la decepción. Cuando esa reciprocidad esperada no ocurre, algo se rompe dentro de nosotros, y damos entrada a pensamientos negativos que nos arrastran a estados tristes o incluso depresivos. Poco a poco nos sorprendemos pensando en lo decepcionante que ha sido la vida en general.

Pero si cambiamos de actitud, o al menos si fuéramos más conscientes de esta realidad, probablemente no estaríamos esperando gestos o acciones favorables de los demás todo el tiempo. En cambio, podríamos evitar la creación de sentimientos adversos como el descontento, la oposición o la frustración, porque ya no habría una base emocional que los alimentara.

Escuché alguna vez a alguien decir: "Yo siempre estoy ahí. Cada vez que me necesitan, estoy. Pero cuando yo necesité, nadie estuvo. "Por eso, ya no quiero a nadie". Y como este, he oído muchos otros comentarios similares. Situaciones donde las personas se sienten usadas, sienten que se han aprovechado de lo que ellas han dado, o se sienten traicionadas, incomprendidas, ignoradas. Pero si volvemos a la realidad, si analizamos con calma, entenderemos que muchas veces todo eso proviene de una sola fuente: de lo que tú sientes.

La verdad es que nadie sabe cómo tú te sientes, lo que quieres, lo que deseas, ni lo que esperas. Eso es algo que solo tú sabes. A menos que anduviéramos con un cartel colgado del cuello donde se leyera todo lo que esperamos de la vida, todo lo que pensamos de los demás, los sueños que albergamos o las ideas que flotan en nuestra mente, nadie podría acertar —ni mucho menos adivinar— nuestros pensamientos más íntimos.

Vivimos en un tiempo donde son pocos los que ofrecen cinco minutos sinceros para escuchar. Y sin querer sonar exagerada —porque es una realidad que muchos hemos sentido—, la decepción que experimentamos a veces proviene justamente de quienes más estimamos, de aquellos en quienes hemos depositado nuestra confianza y a quienes llamamos amigos verdaderos. La conciencia del ser humano parece estar cada vez más teñida por el egoísmo y el desinterés por el bienestar ajeno.

Puede que suene determinante, o incluso algo drástica, pero en el momento en que comprendamos que la vida no es igual para todos, que cada persona interpreta el mundo desde su propia mirada, tal vez entonces podamos entender que esa complejidad es precisamente lo que hace al ser humano único. Y cuando abramos los ojos a esta verdad, aceptaremos con mayor libertad que cada quien se expresa y actúa desde su propia visión, sin importar si eso es —o no es— condescendiente con el resto.

Mi intención no es desmoralizarte ni volver tu corazón insensible hacia los demás. Muy por el contrario. Lo que deseo es llevarte al origen del sentimiento, a la esencia misma de la acción: que te sientas un ser único e independiente dentro de un mundo que, paradójicamente, nos vuelve dependientes los unos de los otros.

Un ejemplo común es el amor de una madre por su hijo. Ese amor puede llevarla a imaginar un futuro brillante para él. La madre observa a su pequeño de diez años, absorto en sus propios inventos, y se emociona pensando que tal vez será ingeniero, o arquitecto, o algo grande. Y en su mente comienza a construir una historia, una imagen de lo que será su hijo, basada en sus propias esperanzas e ideales. Pero la realidad es otra. Nadie sabe con certeza qué futuro le espera a ese niño, ni siquiera su propia madre.

Ese niño, criado con ternura, amor y cortesía, puede crecer y convertirse en alguien completamente diferente a lo que ella imaginó. Y cuando eso ocurre, la madre se ve enfrentada a la frustración, al cuestionamiento. Suele preguntarse: ¿En qué fallé? Pero en realidad, no ha fallado en nada. El error fue dejarse llevar por una expectativa que ella misma creó, una visión idealizada que solo existía en su mente.

Lo mismo ocurre muchas veces en la pareja. Aunque sepamos que el otro es distinto a nosotros, a veces construimos una imagen mental de cómo debería ser. Imaginamos que cambiará, que adoptará ciertas actitudes que nos harían felices, que abandonará hábitos que nos incomodan. Y al ignorar esos aspectos que no nos agradan, reforzamos la ilusión de que, con el tiempo, todo mejorará.

Pero muchas veces eso no sucede. La otra persona sigue siendo exactamente quien fue desde el comienzo, y lo que cambia es nuestra percepción, alimentada por la esperanza de que se transformaría. Entonces llega la decepción, la sensación de fracaso, la tristeza, y nos culpamos por haber confiado, por haber apostado. Pero si somos honestos, sabremos que el verdadero desencanto no vino del otro, sino de lo que nosotros esperábamos de él.

La realidad es que debemos comprender que no controlamos a nadie, y que nadie cambia su forma de ser. Es posible que se hagan concesiones, sí, pero de ahí a cambiar la esencia de quienes somos... no.

Las relaciones de amistad atraviesan situaciones similares. Se crean expectativas muy altas basadas en los sentimientos que tú experimentas, pero no puedes estar seguro de qué siente la otra persona. Cuando llega el momento, estás convencido de que cuentas con tu amigo o amiga, que esa persona daría la vida por ti si fuera necesario, que te respaldará, que sabrá cuándo necesitas apoyo o silencio. Pero, de pronto, te das cuenta de que esto no es así, que no recibes lo mismo que tú has entregado a la amistad. Descubres, quizás con dolor, que sus prioridades son otras.

Ahí es cuando entendemos que debemos cambiar nuestra forma de pensar: entregar sin esperar, sin asumir que recibiremos lo mismo que damos. Porque casi nunca es así. Nadie está obligado a amar, a dar, a entender, ni a brindarte apoyo si no lo siente desde su corazón. Amar es un acto espontáneo del ser humano. Amar implica dar, compartir, acompañar, pero hacerlo libremente, sin requerimientos, sin condiciones ni compromisos. Nadie puede obligarte a sentir algo; podrán exigirte actuar de cierta forma, pero jamás podrán imponerte un sentimiento.

Cuando sientas que quieres transformar tu manera de entender el acto de dar, empieza por hacerte las preguntas más sencillas: ¿Cuáles son las cosas realmente importantes en tu vida? ¿Qué valoras de verdad? ¿Has logrado diferenciar tu vida de la de los demás? ¿Eres capaz de dar sin esperar nada a cambio? ¿Podrías entregar algo sin juzgar si la otra persona lo merece o no? ¿Tienes el nivel de honestidad necesario para ser transparente contigo mismo?

Estas preguntas no son fáciles, pero te ayudarán a pensar y a darte cuenta de cuánto de nuestra vida está condicionada por lo que esperamos de los demás, y por lo que creemos que otros esperan de nosotros. Liberar la mente de esa carga no te convertirá en alguien perfecto, pero te permitirá unirte más a tu ser interior. Vivir de forma simple, honesta, abierta a lo que la vida ofrece, es la vida real que se nos ha regalado, no la vida artificial basada en el dinero o en el estatus.

Debemos aprender a vivir con expectativas distintas: no aquellas impuestas por emociones o ideas ajenas, sino expectativas personales, construidas desde nuestros valores reales, las que nos revelan la clase de personas que somos.

Para vivir plenamente, no necesitas rencores, ni rabias, ni decepciones. Aunque creas que tienes razones para sentirlos, en realidad no las hay. Somos nosotros quienes nos limitamos, quienes nos condicionamos, quienes creamos esas falsas expectativas. Cambiar la perspectiva con la que miramos la vida no es fácil, pero tampoco es imposible. Si aceptas un consejo: empieza con algo sencillo pero esencial: no pronuncies palabras que invoquen dolor o resentimiento, no sufras por lo que ya pasó, no creas que la muerte es un castigo. No lo es. Es simplemente el cierre de una etapa, de una misión que tu alma aceptó cumplir.

Sé honesto contigo mismo y háblate con sinceridad. Pregúntate:

¿Qué esperabas realmente de la vida?

Y cuando encuentres esa respuesta, analiza cuánto de eso dependía de ti y cuánto de los demás.

Recuerda: la vida de los demás les pertenece. La vida de tus hijos es de ellos. La vida de tu pareja, también. Solo tu vida te pertenece completamente. Es ahí donde puedes actuar con libertad: crear, soñar, cambiar, o incluso no hacer nada... pero siempre desde la conciencia de que tú eres el único responsable de ella. No esperes que otros vivan por ti, ni que lean tus pensamientos, ni que entiendan lo que ni tú has llegado a comprender.

La vida es una. Es tuya. Y hay que vivirla con dignidad, con amor, y de la mejor forma posible, para así llevarnos recuerdos valiosos, experiencias auténticas, y momentos que no solo sean dignos de recordar, sino dignos de haber sido vividos.

Ejercicio Personal

¿Alguna vez sentiste que alguien te falló... pero luego te diste cuenta de que habías creado una imagen idealizada de esa persona?

___

___

___

¿Tiendes a esperar que los demás actúen como tú lo harías en su lugar? ¿Cómo te afecta eso cuando no ocurre?

___

___

___

¿Has dado algo desde el corazón esperando inconscientemente una retribución? ¿Qué aprendiste de esa experiencia?

___

___

___

¿Qué expectativas sigues cargando hoy que podrían estar limitando tu libertad de vivir en paz contigo mismo/a?

___

___

PARTE IV

LUZ, SANACIÓN Y RENACIMIENTO

"Sanar no fue olvidar lo vivido, fue entenderlo desde otro lugar."

Eso fue exactamente lo que hice durante mucho tiempo: intenté olvidar lo vivido. Pero era imposible. El recuerdo de aquello que quería borrar regresaba una y otra vez, como una sombra que me perseguía, que me susurraba lo que no quería volver a ver. Por más que lo intentara, siempre reaparecía, recordándome que no podía seguir adelante sin antes enfrentarlo.

Durante años, esa sombra me mantuvo estancada en un pasado que no sanaba, atrapada en un círculo sin salida. Hasta que llegó un momento —no sé bien cómo explicarlo, pero trataré— en que algo cambió. Fue como si hubiera alcanzado un nivel de claridad interior, una claridad nueva, una especie de iluminación espiritual. Entonces comprendí que había otra opción. Que no tenía que seguir huyendo. Podía enfrentar mis temores, dejar de esconderme de ellos y mirar mi historia con otros ojos.

Para lograrlo, supe que debía recordar, pero no para sufrir, sino para entender. Era necesario observar mi vida desde otra perspectiva, desde un lugar más compasivo y consciente, para reconocer que yo ya tenía dentro de mí las herramientas necesarias para transformar lo vivido en algo valioso. Para construir, no para destruir.

Redescubrir la amistad real fue una de esas herramientas. Entender que la vida, incluso en medio del dolor, me había ofrecido regalos únicos. Aprendí a distinguir entre lo que era real para los demás y lo que era real para mí. A veces no coincidían, y eso estaba bien. Lo importante era reconciliarme con mi verdad.

Con el tiempo, pude ver que muchas cosas increíblemente hermosas sí habían ocurrido en mi vida. Y que no debía relegarlas al olvido, sino recordarlas con más frecuencia, honrarlas. Porque al hacerlo, me mantengo abierta y receptiva a esos nuevos regalos de amor que la vida aún tiene para ofrecerme.

Eso Llamado Amistad

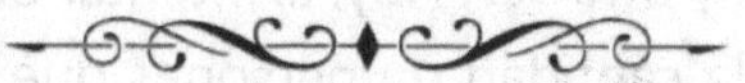

La amistad… qué tema tan complejo, profundo y necesario.

¿De qué manera expresar que los amigos son lo máximo, ese apoyo extra que tanto necesitamos? Ese ángel humano que nos acompaña en nuestro caminar, tanto en las tormentas como en los días de sol.

De niños, no nos cuestionábamos la amistad: simplemente estaba. Los amigos estaban a nuestro lado cada día —en la escuela, en casa, en las vacaciones, en los lugares más inesperados—, sin imaginar que nosotros también éramos "esa persona importante" para otros, alguien a quien ellos llamaban "amigo".

Esa era la inocencia infantil, un mundo muchas veces complicado, pero sin fisuras profundas. Un tiempo casi intacto, antes de vislumbrar las grietas que nos depararía la vida.

Al crecer, muchos amigos se fueron quedando atrás. Unos se marcharon, otros se mudaron, y algunos simplemente se perdieron en el tiempo. Con cada etapa, nuevas amistades surgían, personas frescas en nuestra historia. Sin embargo, en mi caso yo era la que partía, dejando atrás a compañeros de vida que tanto significaron para mí.

Me despedí una y otra vez. Hoy, al intentar evocarlos, me doy cuenta de que la cantidad de personas que han pasado por mi vida es abrumadora, pero también profundamente significativa. Cada mudanza, cada escuela nueva, cada verano distinto, o cada encuentro inesperado dejaba una huella: una sonrisa compartida, una aventura breve, una charla profunda. Cada uno sumó algo valioso a mi historia, aunque muchos ya solo existan en el eco de la memoria.

Algunas dejaron una huella profunda; llegué a pensar que jamás podría olvidarlas. Otras pasaron tan ligeras que casi no recuerdo sus nombres. Y entonces me pregunto: ¿qué clase de amiga fui yo? Tal vez una presencia silenciosa, de pocas palabras, pero de entrega sincera. Alguien que, en el fondo, confiaba en que siempre brillaría el sol tras la tormenta… aunque, siendo honesta, no estoy del todo segura.

Recuerdo a algunas amigas que me tendieron la mano durante mi infancia. Otras que yo consolaba con un apenas susurrado "no sufras, ya pasará". De niña, el corazón permitía aferrarse a la esperanza con más facilidad.

Ya de adulta, esas amistades verdaderas se esfumaron. Mi vida se llenó solo de conocidas, aliadas circunstanciales. Pero echaba de menos tener una amiga cercana.

Con el tiempo comprendí que el pasado es eso: pasado. Y que ya no vuelve. *Lo que construyas hoy será tu mañana y, mañana, tu pasado.* No puedes viajar atrás esperando reencontrar a alguien de hace treinta años. Esa revelación, más que decepcionante, es una verdad que hay que aceptar y entender: las amistades se cultivan y requieren cuidado constante.

Los amigos son personas como tú y yo, con vidas ajetreadas, días buenos y malos. Lo que marca la diferencia es cómo nos demostramos mutuamente el afecto: eso separa a un amigo real de un mero conocido.

Imagina la amistad como tus zapatos favoritos: esos que compraste años atrás y, aunque ya no sean tendencia, son tan tuyos, tan cómodos, que nunca los cambiarías por nada. Has probado otros, más vistosos o elegantes, pero siempre regresas a esos fieles compañeros que te acompañaron bajo la lluvia, el sol, en subidas inciertas y pausas necesarias. Los cuidas, los limpias y, si se rompen, los reparas. Así deberían cuidarse también las amistades verdaderas.

Esa comparación puede parecer exagerada, o incluso ridícula, pero para mí es una verdad cotidiana: la amistad auténtica merece ese cuidado y reconocimiento.

Claro que existen relaciones sinceras, recíprocas, que suman y sanan. Pero también están las amistades falsas: las que no ocupan un lugar real en el corazón, que aparecen por conveniencia y desaparecen cuando más se necesitan. Esas relaciones distorsionan su verdadero sentido.

Para mí, la amistad debe ser uno de los valores más sagrados de la humanidad —no por religión, sino por humanidad misma—. Aprender a escuchar, regalar nuestro tiempo y desarrollar la capacidad de recibir son actitudes fundamentales.

Porque, al igual que las flores, la amistad florece cuando es cuidada. Dedicar tiempo, prestar atención, actuar con amabilidad... todo eso nutre ese vínculo. Y el cariño que ofreces regresa multiplicado: te sientes en crecimiento, acompañado, y sabes que alguien estará allí cuando lo necesites, dispuesto a escucharte y sostenerte.

Los seres humanos no vivimos aislados; necesitamos estímulos externos, interacciones auténticas. Esas personas que han visto tus días de sol y también tus tormentas, que permanecen a tu lado sin condiciones, son un tesoro invaluable. Su respaldo es más valioso que el oro: le da fuerza a tu alma y enciende tu luz interior.

Por eso no lo dudes: sé un amigo. Dedica cinco minutos al día a nutrir una relación: escucha, pregunta, haz una llamada, escribe un mensaje. No importa la distancia si el sentimiento es sincero. Una palabra puede ser el abrazo que alguien necesita.

Crece, fortalece tu luz, compártela. En un mundo necesitado de estrellas, la amistad genuina es compañía, es amor. No te conviertas en un amigo ausente. Revisa tus prioridades: de nada sirve tener riqueza si la soledad te rompe.

Un verdadero amigo no te pide dinero, piensa en ti espontáneamente, te escucha sin juzgar, y a veces sabe que el mejor consejo es simplemente callar y estar presente. La amistad no nace solo de convivir; nace del respeto, del cuidado, y de saber que un simple saludo puede iluminar vidas.

La amistad es amor sincero, honestidad, generosidad del corazón, reconocimiento mutuo. No puede haber amistad sin reciprocidad; no es un monólogo: es un diálogo.

Va más allá de condiciones, razas, creencias. El respeto por la humanidad es el primer valor moral que debería guiarnos, para aprender a valorar a quienes nos rodean y ofrecer lo mejor de nosotros.

Algunos creen que hay que dar sin esperar nada a cambio. Yo pienso distinto. Dar y dar sin recibir termina vaciando el alma; con el tiempo, ese acto constante se convierte en desgaste emocional. El impulso del corazón pierde fuerza sin respuesta, y te encuentras solo. Peor aún: los demás solo acuden cuando necesitan algo, y entonces comprendes que no eran amigos verdaderos, sino personas que drenaban tu energía emocional.

Tal vez suene duro, pero es necesario sincerarse. Reconocer aquello que no te beneficia ayuda a liberar espacio interior para lo que realmente importa: amistades que aportan, no que consumen.

Yo creo en la bondad genuina del corazón, incluso en un simple "hola" sincero. La vida es una escuela constante para el alma: un entorno para experimentar, aprender y madurar. Cada gesto amable, cada saludo que nace desde el corazón, puede iluminar un día gris.

Sé que podría seguir escribiendo páginas y páginas sobre lo que representa la amistad, pero estas líneas ya resonarán con aquellos que reconocen ese valor. Y simplemente quiero recordarte esto:

No temas reclamar lo que mereces. Quien te da sinceridad, tiempo y apoyo también merece recibirlo. Sé consciente de por qué entregas tu amistad: permite que tu alma se nutra tanto como alimentas a la de los demás.

Y antes de cerrar esta reflexión —mi reflexión—, quiero expresar mi más sincero agradecimiento a cada persona que, de alguna forma, ha pasado por mi vida. Gracias por esos cinco minutos de presencia, por esas sonrisas compartidas, por esos silencios que hablaron más que mil palabras. Si en algún momento no correspondí como esperabas, te invito a buscarme: siempre tendré otros cinco minutos para ti... y para quien lo necesite, sin condiciones, sin reservas. Porque al final, eso es la amistad: estar allí, con el alma dispuesta, y el tiempo hecho presencia.

EJERCICIO PERSONAL

¿Recuerdas alguna amistad de tu infancia que aún conserve un lugar especial en tu corazón?

___

___

___

¿Qué significa para ti ser un verdadero amigo, y cómo cultivas hoy ese vínculo con los demás?

___

___

___

¿Has sentido alguna vez que das más de lo que recibes en una relación de amistad? ¿Cómo manejaste esa sensación?

___

___

___

¿Qué pequeños gestos podrías hacer hoy para fortalecer una amistad que valoras profundamente?

___

___

___

Un Regalo de Amor

¿Qué se necesita realmente en la vida para ser feliz? ¿Existe la felicidad como un estado permanente? ¿O es más bien una consecuencia, una condición que llega cuando nuestras circunstancias coinciden con la forma en que creemos que se debe vivir bien?

Desde hace ya mucho tiempo —tanto que me cuesta precisar cuándo comenzó— empecé a sentirme diferente. A pensar distinto. A construir un mundo un tanto íntimo, silencioso y profundamente mío. Un mundo interno que nunca compartí del todo con nadie. Todos quedaban al margen de ese universo personal, esa fuente inagotable de ideas, un refugio donde mi alma encontraba un poco de paz... un verdadero escape de la vida terrenal. Mi propio universo.

Claro, este refugio también tenía sus límites. No me daba todas las respuestas que yo buscaba. Y a veces se volvía repetitivo, incluso agotador. Como si se desgastara con el tiempo.

Dentro de la inestabilidad emocional en la que fui criada, aprendí a huir a este lugar con frecuencia. Era el único espacio donde podía respirar sin tantas cargas. Me daba tregua. Y en cada noche —o en cada pequeño instante que se presentaba— me refugiaba allí, soñando con una vida distinta.

¿Pero qué tan diferente tenía que ser esa vida para que yo pudiera vivirla realmente... aquí, en el mundo real?

Nunca supe la respuesta. Aún no lo sé. Y tal vez jamás la encuentre. Pero con el tiempo he dejado de buscar la respuesta perfecta, porque aprendí que a veces no hay respuestas, solo caminos que se recorren y se sienten.

Desde muy pequeña comprendí que era una persona sensible, intensamente emocional. Las emociones me traspasaban como corrientes invisibles, me envolvían. Aunque, a pesar de esa sensibilidad, siempre mostré un carácter fuerte, incluso agresivo a veces. Estaba a la defensiva, siempre lista a protegerme. Las críticas no me herían de muerte, pero las sentía como balas de bajo calibre: no matan, pero sí duelen.

No era soberbia, ni me creía especial. Simplemente no había aprendido a interpretar lo que vivía. No entendía cómo enfrentar ciertas situaciones, y por eso reaccionaba desde el miedo. Miedo a ser herida. Miedo a mostrarme vulnerable.

Hoy comprendo que esas diferencias que no supe ver entonces... tampoco importan tanto ahora. Porque he crecido.

He cambiado.

Aunque mis raíces siguen siendo las mismas —la estructura que me sostiene continúa ahí, firme, tal como fue forjada—, lo que ha cambiado es mi mirada. La vida no se borra con un simple "borrón y cuenta nueva", pero sí se transforma, con cada paso, con cada nueva comprensión.

Muchas veces pensé que yo era quien estaba equivocada. Que quizás yo era la que no sabía vivir. Me acusé de querer aislarme, de construir un muro que no dejaba entrar a nadie.

Y tenía mis razones.

Sentía que nadie comprendería mi forma de ver el mundo. No quería abrir mi universo interior al juicio ajeno. No quería que me miraran, ni me corrigieran, ni me dijeran cómo debía ser.

Con el tiempo entendí algo más profundo: me encerré tanto para protegerme, que olvidé cómo habría sido dejar que alguien entrara...

y compartir conmigo ese espacio.

Creo que nunca supe realmente cómo ser feliz. Y tal vez ese ha sido uno de los mayores problemas de mi vida.

Nunca quise entender que la felicidad no se busca allá afuera... porque ya vive dentro de uno.

Y que la vida no se planifica paso a paso, como si fuese un proyecto perfectamente medido; la vida se vive, se respira, se construye sobre la marcha.

En mi mundo interior, en cambio, yo creaba historias con sueños y anhelos que tenían forma, color, hasta aroma. Todo en mi universo privado era ideal. Pero allá afuera, en la realidad, todo era muy distinto.

Allí, la vida no es un cuento imaginado.

La vida se vive día a día, cometiendo errores, aprendiendo de ellos, cayendo y volviendo a levantarse.

Se vive disfrutando de esos instantes inesperados y maravillosos, valorando lo bueno, soportando lo malo, sorprendidos por lo increíble, y muchas veces aplastados por lo miserable también.

Porque sí: la vida nos da de todo.

Y con eso "todo" vienen también las lecciones. Lecciones que, como en la escuela, debemos estudiar, entender y finalmente aprender para avanzar.

Y como en la escuela, si no comprendes bien el contenido... repites la lección.

Más de una vez me he preguntado:

¿Estará la vida cansada de enseñarme las mismas cosas?

¿O soy yo la que simplemente no logra aprender?

¿Seré tan terca que tengo que repetir y repetir hasta entender lo evidente?

Lo digo porque lo he notado claramente:

Estoy detenida.

Repitiendo experiencias, enfrentando situaciones similares una y otra vez.

Como si estuviera atrapada en una especie de círculo, sin poder romper el patrón.

Como si la vida me dijera: "Todavía no estás lista para avanzar."

¿Será porque no he entendido el propósito?

¿O será porque aún no quiero —o no sé cómo— soltar mi mundo interior, ese universo donde me resguardo, y entregarme por completo a la experiencia de vivir en el mundo real?

Esta ha sido mi cruzada.

Y tal vez, quién sabe, moriré en ella, buscando una y otra vez el sentido de mi existencia.

Pero la vida no se ama solo porque alguien te diga que debes amarla.

No se ama porque haya cosas buenas, porque entonces, cuando las cosas se pongan oscuras —y se pondrán—, terminarás odiándola.

La vida no se ama porque hay que amarla.

Eso no funciona con quienes, como yo, hemos pasado tiempo buscando razones.

Porque quien se hace demasiadas preguntas, un día termina cuestionándolo todo.

La vida se empieza a amar de verdad cuando entiendes —y aceptas— que formas parte de ella.

Cuando comprendes tu compromiso con ella.

Tu lugar.

Tu presencia.

Tu energía.

Cuando decides decir: sí, estoy aquí. Y quiero estar aquí.

Tal vez suene complicado. Tal vez repita palabras o ideas. Pero en el fondo... es simple. Muy simple.

Y hay muchas personas que viven bajo este principio y son inmensamente felices, sin buscar explicaciones ni darle tantas vueltas.

Hoy creo firmemente que todos formamos parte de un plan universal.

Cada uno con su propia tarea, con su camino, con su misión.

Sí, muchas veces nos desviamos.

Perdemos el rumbo.

Renunciamos a metas que un día fueron importantes.

Cambiamos de dirección.

Pero ahí está precisamente lo increíble de vivir:

Mientras tu corazón siga latiendo, aún hay tiempo.

Aún tienes la oportunidad de intentarlo.

Y solo cuando este cuerpo físico ya no esté —cuando se haya marchado lo que te permite habitar este plano—,

entonces comprenderás todas esas oportunidades que dejaste pasar.

Todo lo que pudo ser y no fue.

Todo lo que tenías... y no viste.

Y yo me pregunto:

¿Es por esto que seguimos repitiendo las lecciones de la vida?

¿Será necesario volver a vivir, reencarnar, para intentar mejorar aquello que no pudimos terminar, para finalmente cumplir con lo que vinimos a hacer?

Tal vez sea así como finalmente entendemos que cumplir nuestros cometidos, vivir con intención, y esforzarnos en hacer lo mejor posible con la vida que se nos ha entregado —de forma consciente y responsable— es parte esencial de nuestro propósito existencial.

Aceptar. Aprender. Vivir.

Tres palabras sencillas que lo contienen todo.

Como en la escuela, cuando no aprendes y debes repetir el grado...

¿Cuántas veces se puede repetir un mismo curso?

¿Y yo? ¿Qué grado estaré repitiendo ahora?

Así me he sentido últimamente —como tonta, incluso— al ver que las cosas suceden una y otra vez frente a mí, y aun así me niego a aceptarlas. ¿Será que estas realidades no estaban contempladas dentro de mi universo ideal? ¿O cuál es la razón por la que sigo siendo tan testaruda y me resisto a ver lo evidente?

Preguntas. Siempre preguntas.

Tengo la necesidad de comprender, de analizar, de encontrar un sentido más profundo en cada cosa. ¿Pero qué más podría hacer yo, si no es tratar de hallar respuestas?

Sé que es más fácil no buscarlas.

Es más simple ignorar las preguntas que parecen no tener solución. Tal vez porque no las encontraremos nunca... o porque esa búsqueda podría consumir toda nuestra vida.

O, peor aún, porque podríamos encontrar verdades para las que aún no estamos preparados.

La mayoría de quienes fuimos criados bajo una doctrina católica aprendimos a creer y respetar ciertas verdades: Dios, su Hijo, la Virgen, los ángeles, los santos...

Sí, Dios es nuestro Padre y nuestro Creador.

Pero... ¿y si un día yo dijera: "Un ángel me visitó"?

¿Quién me creería?

Sería señalada, juzgada, tachada de loca o blasfema.

Y entonces surge una pregunta que me ha perseguido por años:

¿Por qué creemos tan firmemente en lo que no vemos, pero cuando algo se nos revela frente a los ojos, nos cuesta tanto aceptarlo?

Creer en otros universos o en seres de otros planos suena razonable... mientras lo mantengamos en el campo de la ciencia ficción.

Pero si alguien confirmara hoy que hay vida en otro planeta, en una galaxia lejana, nuestra primera reacción sería la negación.

Después vendría el miedo.

Porque lo desconocido siempre nos sacude.

Y en casi todos los ámbitos ocurre lo mismo:

Creemos... hasta que se vuelve real.

Opinamos de lo que no conocemos... hasta que nos toca vivirlo.

Y es entonces cuando todo cambia, cuando nuestra percepción se rompe, y muchas veces no sabemos cómo sostener lo que hemos descubierto.

Nuestra fe se tambalea, la mente duda, y lo que antes parecía seguro, se vuelve caos.

Esta reflexión está basada, principalmente, en experiencias personales.

Por eso la llamo una reflexión personal.

Pero me atrevo a pensar que no estoy sola.

Que muchos más, en silencio, caminan bajo estas mismas inquietudes y cuestionamientos.

Solo que pocos se atreven a hablar de ello, y muchos otros prefieren juzgar sin escuchar.

—"Me siento triste, no me gusta la vida que tengo, quiero morirme y acabar con este dolor"—.

Estas son palabras que muchas personas han pronunciado alguna vez en la vida. Personas que atraviesan por lo que los humanos han denominado "depresión", nombre que se le ha dado a la insatisfacción con la forma en que se vive la vida o con cómo se experimenta emocionalmente la existencia.

Muchos de ellos son seres incomprendidos, altamente juzgados, criticados y puestos en tela de juicio. Se les acusa de ser débiles, de tener poca valentía... algunos incluso los llaman cobardes.

Pero no todos están enfermos por razones clínicas o por desbalances químicos en las funciones del cerebro, como suelen señalar los expertos. Muchos de ellos son, en realidad, el resultado de no aceptar su posición dentro de este plan universal. Son el producto de haber creado universos personales en los que no hay compatibilidad con la realidad.

Muchos soñamos con tener otra vida, una muy distinta a la que nos ha tocado vivir. Pero fue justamente en el momento de definir cómo debía ser esa vida ideal, cuando nacieron los conflictos. Porque la vida verdadera es otra: es la escuela de la vida.

Aquí venimos a aprender.

Formamos parte de un todo.

Y cada uno de nosotros tiene una misión.

Y la misión no es descubrir cuál es tu misión.

La verdadera misión es aceptar que esta es tu vida, y vivirla con humildad, aprendiendo de lo que cada día nos entrega: vida, naturaleza, emociones, experiencias...

Cada día es un nuevo comienzo.

Cada día es también un pequeño final.

Cada día trae una nueva lección. Y dentro de todo ese aprendizaje, también existen las maravillas: respirar, sentir, emocionarnos, amar, dolernos, reír, llorar...

Incluso cuando llueve, incluso cuando hay tormenta, cada día sigue siendo una oportunidad.

Una lección más.

Aprender a aceptar ha sido lo más difícil en este camino que, equivocadamente, un día decidí tomar. El camino del cuestionamiento, de la búsqueda incesante de lo que no se encuentra, el camino de las preguntas sin respuesta. Ha sido un camino lleno de piedras y descontentos. Y lo peor es que aún no termina.

Me he preguntado muchas veces: ¿Cuántas veces he reencarnado para volver a aprender la misma lección?

¿Será esta mi primera vida? Lo dudo. Hay señales en mi alma que me indican todo lo contrario.

¿Quién no ha visto la escena de un niño al que le dicen "no lo tomes"?

Ese niño sufre por no poder hacerlo, se retuerce por dentro, se contiene... Mira de reojo para asegurarse de que nadie lo observa. Pero sabemos que, tarde o temprano, lo tocará.

Esa es la lección.

Las normas, los límites, las prohibiciones...

Todo aquello que se impone desde afuera suele ir en contra de lo que llevamos dentro.

Porque no somos solo materia.

Somos más que carne y hueso.

Somos lo que nos da vida: el alma.

Eso que, cuando el cuerpo muere, no muere.

Eso que parte a otro plano, a otro universo, a otro nivel.

Ese espíritu eterno que habita en nosotros y que está aquí de paso.

Somos libres.

Somos viajeros.

Aprendices de la vida.

Somos seres de luz.

Y más allá de esta forma física que habitamos, formamos parte de un plan infinito. Un diseño mayor.

Una misión y una responsabilidad con nuestra raza.

La única raza sin igual: la raza de la luz.

Eso es lo que realmente somos en nuestra forma más pura: un puñado de luz que el Padre Creador nos ha entregado.

Y junto con esa chispa divina, nos ha compartido todo lo que somos.

Incluso, sabiendo que muchos abandonarán la escuela.

Que muchos no cumplirán su parte en este plan universal.

Pero Él...

Él sigue siendo el Creador.

Y el ser más sabio de todos.

En su universo no existe el tiempo; solo en la vida terrenal este concepto tiene sentido. Por eso Él es pura bondad y humildad: porque sabe esperar con infinita paciencia lo mejor de cada uno de nosotros. Tiene la certeza de que, en esta o en otras vidas, llegará el momento en que comprenderemos, y regresaremos. Volveremos a la escuela de la vida para continuar con su plan infinito. Aprenderemos, finalmente, que aceptar la vida tal como viene es también aceptar a Dios, y aceptarnos a nosotros mismos. Él lo sabe. Sabe que ese momento llegará, y entonces caminaremos por el sendero de la sabiduría, habiendo aprendido las lecciones que la vida nos ofreció.

Y creo que es justo en ese instante cuando el alma se eleva. Es allí cuando pasamos a un nuevo nivel. Tal vez en esa etapa nos toque ayudar a otros, estar a su lado en silencio, guiándolos con suavidad, aunque no puedan vernos. Porque eso es lo que pienso que ocurre. Porque los he sentido. Porque han estado conmigo. Silenciosos... pero presentes.

Los ángeles no son parte de una mitología religiosa, ¡no! Son mucho más reales de lo que podríamos imaginar. Estoy segura de que más de alguien, al leer estas palabras, coincidirá conmigo. Ellos existen. Caminan entre nosotros. No con alas o túnicas, sino a veces como luces, otras veces como palabras, como presencias que no se explican... pero se sienten.

Los ángeles, al igual que otras maravillas que la vida no siempre nos permite explicar con lógica, forman parte de nuestra realidad. Pedimos y rezamos para que ciertas almas sean nombradas santas. Clamamos por su intervención. Pero no permitamos que nuestra fe se detenga ahí, en una imagen o en un título.

Porque cuando ese ser se te presente algún día, en cuerpo de luz o en forma humana, entonces sabrás que es un ángel.

¿Y si un día despertaras en medio de la noche y vieras cómo un haz de luz se abre paso en tu habitación, y de él desciende una esfera luminosa?

¿Podrías decir, sin dudar, que has visto un ángel?

¿Y si una dama anciana se te apareciera con un mensaje especial, uno que tal vez no comprendas del todo, pero que sabes que es importante, que te toca el alma?

¿Podrías reconocer que fue un ángel?

¿Y si has hablado con seres que nadie más puede ver, pero cuya compañía y palabras han traído paz a tu espíritu?

¿Podrías decir, con honestidad, que estuviste frente a un ángel?

Después de tantas señales... ¿cómo es posible seguir negando su existencia?

Esa es mi historia: una vida llena de preguntas, una búsqueda constante de algo que, tal vez, siempre estuvo ahí. Tal vez no comprendí mi propósito, pero ahora sé que lo importante no era encontrar una única respuesta, sino entender qué fue lo que hice mal, y reconocer que formo parte de un plan más grande. Todos lo somos.

La vida es nuestra escuela. Y quienes parten, lo hacen porque han de comenzar de nuevo, desde cero, o porque han avanzado a un nuevo nivel. Pero todos —sin excepción— estamos aprendiendo. Siempre estamos creciendo. Eso es la vida: un viaje eterno de aprendizaje.

Y tal vez, solo tal vez, cuando hayamos alcanzado un estado más elevado, viajemos por el tiempo y los universos infinitos en busca de otras enseñanzas y otros aprendizajes. Quizás, en ese momento, seamos nosotros quienes debamos extender la mano hacia otros seres aún en sus etapas iniciales. Seremos nosotros los que guiemos a quienes están repitiendo grados, saltándose clases, ignorando lecciones.

Solo entonces, mirando hacia atrás, comprenderemos.

Y entenderemos que todo, absolutamente todo, fue —sí— un regalo de amor.

Desde el primer día en que un Ángel cruzó mi camino, no supe agradecerlo. Ni siquiera hice el mínimo comentario; todo lo contrario, no comprendí el porqué de su esfuerzo. Desde entonces, han sido muchas las veces en que un Ángel ha estado a mi lado, y aun así, no le había dado las gracias... simplemente porque no lo entendía.

Podría seguir preguntándome muchas cosas: ¿por qué un Ángel viene a mi encuentro?, ¿por qué dedicar su tiempo a mí?, ¿qué podría yo ofrecer?, ¿qué tan importante es realmente mi papel dentro de este plan infinito?

Pero no. No más preguntas, no más cuestionamientos... al menos por hoy.

Hoy es un nuevo día, y otro nacerá mañana.

Hoy solo puedo decir que mis grados en esta escuela de la vida han subido notablemente. Tal vez —solo tal vez— estoy a punto de pasar al siguiente curso. Porque hoy, algo se presentó frente a mí. Algo que llevaba tiempo observando. Algo que me ha hecho reflexionar muchas veces y que, finalmente, creo haber comprendido.

Era una de esas materias en las que fallé hace años. Fallé, sí... porque no supe comprender lo que se me había dado, ni cuál era el verdadero significado de aquello. Aunque después ocurrieron muchas otras circunstancias similares, pienso que aquella primera vez fue la que traía el mensaje más claro.

¡Era un regalo!

¡Un regalo de Amor!

¿Recuerdan aquellas palabras?: "Me siento triste, no me gusta la vida que tengo, quiero morirme y acabar con este dolor..."

Creo que, en ese entonces, el mensaje que me enviaron decía algo completamente distinto:

"No estés triste. La vida quiere que vivas en ella. No te vayas. Aprende a aceptar este regalo de Amor."

Y desde aquel día, un Ángel se empecinó en ayudarme a pasar esa lección. Día tras día, año tras año, con ejercicios invisibles, con prácticas profundas... poco a poco, de vuelta en esta escuela de la vida, y ahora prestando atención, finalmente comprendí:

Nuestro Creador nos quiere a todos por igual.

Y cuando encuentra a estudiantes más lentos, como yo, les asigna una ayuda especial.

Un tutor personal.

Un Ángel.

Silencioso.

Discreto.

Constante.

Y ese ser maravilloso, sin perder la fe en ti, va empujando contigo para que finalmente aprendas. Para que pases las lecciones necesarias. Para que comprendas, con toda tu alma, que el Amor es el regalo divino que el Padre Creador nos ha dado desde el primer minuto de VIDA.

Y entonces lo comprendí.

No puedo decir que he cambiado de la noche a la mañana —sería mentir—, pero sí puedo decir que he comprendido algo esencial: Dios nos ama. Nos necesita a todos. Y hace lo imposible por ayudarnos en esta escuela de la vida. Una escuela que, algún día, nos hará más sabios... más livianos... de cuerpo, de pensamiento... cuando ya no importen más las convicciones, sino solo la verdad de saber de dónde venimos y hacia dónde vamos.

Tal vez —solo tal vez— mi misión en este plan infinito haya sido equivocarme una y mil veces, y tomar más tiempo del esperado en aprender, para que, de ese modo, pueda compartir mis vivencias con otros... con quienes también han sentido angustia... con quienes, como yo un día, solo vivían en su mundo interior.

Para todos ellos, visibles o invisibles, finalmente quiero decir:

Gracias.

Gracias por no rendirse, por insistir con paciencia, por guiarme silenciosamente, por confiar en que algún día comprendería. Hoy sé que están aquí, a mi lado... y ahora que los reconozco, no podría imaginar mi vida sin ellos.

Ejercicio Personal

¿Alguna vez te has sentido fuera de lugar en el mundo, como si tu universo interior no encajara con la realidad que te rodea?

____

____

____

¿Has sentido que la vida te repite ciertas experiencias una y otra vez? ¿Qué crees que podrías estar aprendiendo de ellas?

____

____

____

¿Te has permitido alguna vez creer que los ángeles, las señales o las presencias invisibles pueden acompañarte en momentos clave?

____

____

____

Si miras tu vida como una escuela, ¿qué lección sientes que estás aprendiendo en este momento?

____

____

Entre lo Real y lo Virtual

Hoy, mientras conducía de regreso a casa, el semáforo cambió a rojo y me detuve. Al mirar hacia la vereda, vi a un par de muchachas —casi niñas podría decir, aunque seguramente ya eran adolescentes— caminando rumbo a la esquina con la intención de cruzar la avenida. Noté claramente cómo una de ellas hablaba animadamente, gesticulaba con las manos y su boca no dejaba de moverse. En cambio, su acompañante parecía estar en otro mundo: tenía los ojos clavados en la pantalla de su teléfono celular, sin levantar la mirada ni siquiera para asegurarse de en dónde pondría el próximo paso.

Cuando la luz peatonal cambió a verde, ambas cruzaron. Una seguía hablándole a la otra, y la otra... bueno, la otra seguía completamente hipnotizada por el celular, que sostenía con una mano mientras con la otra deslizaba el dedo sobre la pantalla táctil.

Me pregunté a mí misma: ¿La estará escuchando? ¿Le estará poniendo realmente atención? ¿O la está evadiendo y la otra no se da cuenta?

La luz cambió a verde para mí y, sin más, tuve que avanzar. Mejor así, pensé, porque no quería comenzar la mañana con una fila de impacientes tocando la bocina como si el mundo se fuera a acabar. Peor aún, siempre hay alguno que se arriesga con maniobras peligrosas, como pasarme por la izquierda en una vía de solo dos carriles.

Seguí mi rumbo, y mi vista fue saltando de un lado a otro. En las calles vi a niños caminando hacia la escuela, y sin exagerar, todos estaban ocupados en algo. Observé a dos muchachos en la acera izquierda, cada uno con su teléfono en la mano, caminando con la mirada fija en no sé qué aplicación. Unos pasos más atrás venían otros hablando solos, con los celulares en la mano y los audífonos puestos. Vi también a dos muchachas mayores que caminaban con prisa, con un café en una mano y el teléfono en la otra, riendo entre sí.

Más adelante, en otra calle, vi a un señor, ya mayor, quizás en sus sesenta, que avanzaba con paso firme, sin despegar los ojos de su teléfono. Lo manejaba con una naturalidad sorprendente, como quien camina con los ojos cerrados, confiando en el hábito más que en la vista. Bajó de la acera al pavimento sin usar los ojos para nada, concentrado totalmente en lo que mostraba la pantalla.

Una nueva luz roja me detuvo. Y lo que vi me impactó: gente ausente. Sí, estaban ahí... pero al mismo tiempo, no. Presentes en cuerpo, pero no en mente. Y me pregunté: ¿Qué nos está pasando? ¿De verdad este es el avance tecnológico al que debemos someternos? ¿O estamos cegándonos voluntariamente ante algo que podría ser profundamente destructivo para la humanidad?

Dependemos tanto de los aparatos que ya no parecen un beneficio, sino un problema. A los niños ya no se les enseña a escribir con letra, ni se les dan clases de caligrafía. Solo importa que sepan teclear en el computador. Y lo que es peor, ni siquiera la ortografía es necesaria: el dispositivo lo corrige todo automáticamente.

¿Qué está ocurriendo con nuestra sociedad que no logramos ver la realidad? Podría hacer mil preguntas, y todas apuntan a lo mismo: algo se está perdiendo. Algo está desapareciendo. Preferimos la comodidad de la soledad a la conexión genuina. En lugar de llamar, enviamos un mensaje. En vez de expresar sentimientos con palabras propias, damos un "me gusta" como símbolo universal de emoción.

Antes, recuerdo que las personas iban a una floristería y se tomaban su tiempo eligiendo las flores que enviarían, ya fuera a un ser querido o a alguien especial por alguna ocasión particular. Hoy, ni siquiera es necesario salir de casa: basta con conectarse en línea, escoger el arreglo deseado y ellos lo envían por ti. Hacen todo el trabajo, incluso el mensaje ya viene escrito. Es más, algunas compañías conservan tu información, crean un perfil y te ofrecen recordarte tus eventos importantes. Así, ya ni siquiera necesitas acordarte de tus fechas: las programas en el calendario digital y todo queda listo. Solo debes autorizar el pago, y ellos se encargarán de enviarlo. ¡Hasta eso es automático!

No pienses que no soy partidaria del avance, porque sí lo soy. Como muchos, dependo de un computador: en lo personal, en lo laboral, y por qué no decirlo, también en lo familiar.

Muchas veces es a través de una pantalla que logro ver a mis amistades o familiares que viven lejos. Pero debo admitirlo, pertenezco al grupo de los dependientes de la red. Y aquí es donde surge la pregunta: ¿Qué tan atrapada estoy?

Mmm... trabajo frente a un ordenador, administro mi hogar con ayuda de la tecnología, escribo desde uno, me comunico desde uno, hago compras por ahí. Cuando me despierto, es lo primero que veo en la mañana, que me indica que es hora de levantarme. Después del baño, preparo el desayuno, mientras reviso mensajes y actualizaciones en la pantalla. Luego salgo, y me llevo el teléfono —que no es más que otro computador, uno más pequeño, pero con las mismas funciones que el grande—. Sé que no puede faltarme, porque desde él respondo mensajes, atiendo clientes, manejo la oficina y, de vez en cuando, doy un "Me gusta" a unas cuantas publicaciones.

El día transcurre, y lo último que veo antes de dormir es... mi computador. ¿Debería reírme o comenzar a preocuparme? Es como cuando un adicto se encoge de hombros y dice con una sonrisa: "No sé de qué hablas, yo no tengo ninguna adicción". Pero el asunto es más profundo. Aun sin tener una adicción formal, pareciera que solo existen dos caminos: estar envuelto y atrapado... o ajeno y desconectado.

Sí, definitivamente no quiero estar atrapada, pero tampoco quiero estar desconectada. Deseo estar conectada para compartir mis pensamientos, mis ideas, para transmitir ese mensaje que siento que debe ser compartido. Sin embargo, entre tanto adelanto tecnológico, tantas aplicaciones, tantos dispositivos digitales... creo que mi mundo, de alguna forma, se está enfermando.

Siempre me ha gustado conservar las cosas, sean materiales o sentimentales. Guardo fotos por montones —hasta la más insignificante se queda guardada—. Guardo sentimientos: todos los escribo. Conservo memorias, porque son las que empujan mi caminar. Me gusta preservar mis experiencias. Por esa razón pensé que, quizás, estar más conectada a la tecnología, que parecía ofrecer tantas ventajas y soluciones, sería una decisión maravillosa.

Pero ya no estoy tan segura.

Porque cuando las personas ya no conversan, cuando el tiempo ya no alcanza, cuando el mundo exterior deja de importar... entonces es cuando realmente siento que algo no está bien.

¿Qué hacer? ¿Cómo cambiar esta modalidad de escape del mundo?

No creo tener la respuesta. Solo pienso que podría intentar un acercamiento con esta realidad, tal vez expresarle mi preocupación y que esta realidad me respondiera: "Pues bien, trata de cambiarme". En ese momento, podría asumir que retomar viejas costumbres, como llenar cuadernos con mis escritos, tener una agenda con direcciones —como hacía antes—, comprar libros en papel en lugar de versiones digitales, o volver a tomar fotografías con una cámara de 35 milímetros y revelar copias tangibles para colocarlas en álbumes... quizás sería un buen comienzo. Imagina una tarde de invierno, disfrutando esas fotos junto a un rico café.

¿Y qué tal si vuelvo a comprar CD's de música, en vez de usar solo servicios digitales? Porque al final, con todo lo que uno cree tener... no tienes nada.

Sí, piénsalo por un minuto: si ese aparato electrónico desapareciera hoy de tu vida, ¿sería esto un problema para ti? ¿Dónde quedarían tus fotos? ¿Cuándo fue la última vez que fuiste a un centro de revelado para hacer copias físicas de tus recuerdos?

Es difícil —y lo digo por experiencia— el tiempo y el avance tecnológico te van atrapando como un cáncer silencioso que se infiltra sin que te des cuenta, hasta que ya es casi demasiado tarde. A veces, claro, puede detectarse a tiempo.

Creo que la dependencia es peligrosa. Somos seres pensantes, y no debemos permitir que otros piensen o decidan por nosotros. ¡No! Esto debería ser una advertencia para nuestra mente: nos están despojando, poco a poco, del derecho a elegir y la capacidad de decidir por nosotros mismos.

La tecnología puede fascinarnos, deslumbrarnos con sus luces y posibilidades, pero no olvides que quien debe brillar... eres tú. Tú eres quien debe pensar, decidir, asumir y reaccionar.

Sin duda, alguien pensó por nosotros. Sin duda, alguien sabía lo que hacía al intentar controlar a la humanidad. Porque el control, históricamente, ha sido el objetivo del ser humano.

Me gustaría dejarte, como parte de esta reflexión, dos cosas en qué pensar:

Primero, si tu computador se apagara hoy para siempre, ¿qué información valiosa se llevaría consigo? ¿Habría algo por lo que llorarías al saber que lo has perdido? Y no solo tu computador: ¿y tu teléfono, tu cámara digital, ese disco duro externo o pendrive donde almacenas recuerdos y documentos? ¿Qué pasaría con tu música, con tus fotos, con tus escritos? No esperes a tener "cáncer tecnológico" para darte cuenta de todo lo que estás dejando en manos de una máquina.

Segundo, ¿cuánto espacio estás dejando para tu vida real, fuera de las pantallas? ¿Serías capaz de reservar al menos un par de horas por semana para reenfocar tus prioridades?

Salir a caminar. Tomarte un café con una persona real. Pasear por un parque. Trabajar en tu jardín. O simplemente, admirar el sol o la lluvia sin pensar en si deberías compartirlo en Instagram.

Disfrutar del silencio lejos de las pantallas es esencial para revitalizar el cuerpo y el alma.

Recuerda cómo disfrutabas antes, cuando no existían los teléfonos inteligentes ni las computadoras que ahora marcan cada minuto de nuestras vidas. Aun así, vivías... y existías.

Y tercero, y último: después de todo, no es que esté en contra de los avances tecnológicos. Esto es algo que inevitablemente ocurrirá, y no habrá forma de detenerlo. Pero pienso que uno tiene la responsabilidad de mantenerse alerta, de no volverse un adicto sin saberlo, de conservar el control de la situación, de seguir siendo quien piensa y no ser desplazado por la comodidad de no pensar. Procura que tu existencia no dependa por completo de lo digital. Asegúrate de que sabes utilizar la tecnología, pero también que puedes vivir sin ella. Es un consejo sabio.

No dejes de usar un lápiz o un cuaderno. Es bueno conservar la costumbre de escribir a mano. No te olvides de tocar las cosas, de sentirlas, y permite que tus ojos descansen más seguido de las pantallas. Analiza los pros y los contras de todo lo que tienes. Y, como punto más importante para no convertirte en alguien dependiente, pregúntate: ¿qué cosas te gustaría conservar incluso si no hubiera electricidad?

Ahí verás realmente cuántas cosas ya no tenemos. Porque todo es intangible, volátil, y sin embargo creemos que mientras estamos conectados, estamos completos. Pero si por mala suerte algo pasara y te quedaras desconectado, ¿qué ocurriría entonces? ¿Cuántos amigos realmente tendrías? ¿Sabrías cómo encontrarlos? ¿Cuántas fotos perderías? ¿Cuánta información ya no podrías recuperar? ¿Aún recuerdas cómo sumar y restar sin ayuda?

La vida no es fácil, y no hay nada de malo en buscar hacerla un poco más llevadera. Pero no olvides que eres tú quien piensa, y eres tú quien está al mando. Por eso, no dejes que el cáncer de la tecnología te consuma sin antes darle una buena batalla.

Aquí te dejo algunas pequeñas acciones que pueden marcar una gran diferencia:

Dispón de 30 minutos al día para ti.

Haz algo que no requiera el uso de ningún aparato digital o electrónico.

Sal a caminar al menos tres veces por semana.

Solo camina. No compartas tu estado en redes sociales. Haz que esa caminata sea tuya, privada.

Regala libros de papel.

Comparte libros físicos, y no estaría nada mal que volvieras a eso llamado biblioteca. Generalmente, todo lo que encuentras ahí no tiene ningún costo.

Recicla.

Deshazte de todos los aparatos digitales o electrónicos que no usas. Quédate solo con lo necesario. Aligera el aire que respiras.

Implanta reglas de oro.

Si tienes familia, asegúrate de que existan horarios en los que no se permitan teléfonos ni dispositivos, como durante las comidas o el tiempo compartido en familia.

Espero que estas palabras te hagan pensar y siembren en ti un poco de esa conciencia que todos estamos perdiendo.

Sé que es imposible dejar de estar completamente "ajena y desconectada", pero tengo muy claro que tampoco quiero estar "envuelta y atrapada". Quiero saber que todavía soy capaz de controlar el uso que hago de la tecnología, aunque sea por un tiempo más.

Ejercicio Personal

¿Te has descubierto alguna vez tan absorto en tu celular que dejaste de prestar atención a lo que ocurría a tu alrededor?

____

____

____

¿Sientes que dependes más de la tecnología de lo que te gustaría admitir?

____

____

____

¿Qué recuerdos o cosas valiosas perderías si tus dispositivos electrónicos dejaran de funcionar hoy mismo?

____

____

____

¿Cuándo fue la última vez que disfrutaste un momento real sin compartirlo en redes sociales ni sentir la necesidad de documentarlo?

____

____

Entre lo Mágico y lo Real

Desde muy pequeña crecí envuelta en relatos que rozaban lo sobrenatural: espectros que se deslizaban por los pasillos de la casa, la misteriosa "señora de blanco" y esas inexplicables "cosas raras" que todos comentaban en voz baja. Eran historias que, por no ajustarse a la razón o carecer de pruebas concretas, se alojaban en ese territorio difuso entre lo real y lo imaginario, y dejaban una huella imborrable en mi imaginación.

Aunque las etiquetaban de fantasías, invenciones fruto de noches de miedo o simplemente cuentos sin sustento, en mi interior se colaba una duda constante: ¿serían verdaderas? Me sorprendo aún, recordando cómo, al permanecer en silencio absoluto, mi mente traía a la memoria esas frases que mi abuelo repetía con una calma casi reverente. Yo lo observaba mientras hablaba de la "señora de blanco" caminando en la penumbra del pasillo, y me preguntaba si lo que él contaba era una leyenda o una memoria vivida, acompañándome en silencio, oscilando entre la certeza de sus palabras y el eco de mis propios temores.

Creo que mis años de infancia fueron los más intensos, porque entonces todo parecía cobrar vida con un simple relato. Cada historia infantil me atrapaba por completo: les prestaba oído… y aunque intentaban silenciarnos, yo siempre estaba atenta. Fue así que supe de la "Llorona", del "Hombre del Saco", del "duende del armario" ... personajes que se hacían presentes en estos relatos, y que parecían acechar desde los rincones más oscuros de la casa.

La curiosidad era irresistible, incluso cuando el miedo amenazaba con encogerme por dentro. Tengo la certeza de que el propósito de muchos de esos cuentos era exactamente asustarnos, ¿y cómo si no capturaban nuestra atención? En la cultura donde crecí, esas figuras formaban parte de un folklore tan peculiar como poderoso: las leyendas de fantasmas estaban siempre en primera fila, dispuestas a hacernos saltar con un "¡cuidado!" o un "por tu bien...".

Hoy me doy cuenta de que casi no se hablaba de seres luminosos: las hadas bondadosas, los duendes que ayudan, los espíritus amables. Las leyendas que nos contaban estaban diseñadas para provocarnos escalofríos, y con frecuencia lo lograban. Recuerdo perfectamente el silencio sepulcral que caía sobre la habitación, seguido por una risa nerviosa y un palpitar apresurado del corazón. Aquellas historias —llenas de temor y advertencia— permanecen grabadas en mi memoria, y aun hoy, al recordarlas, puedo sentir ese escalofrío tan vivo como si ocurriera de nuevo.

Tenía alrededor de siete años cuando viví lo que ahora considero mi primera experiencia espiritual, aunque en ese momento ni siquiera sabía cómo etiquetarla. Prefiero evitar la palabra "paranormal", porque esa puede sonar fría o basada en miedo. Más bien fue un encuentro íntimo con algo profundo y real: una experiencia que trascendía lo cotidiano sin recurrir a explicaciones racionales.

En mi vida han ocurrido situaciones similares, muchas, tan desconcertantes que me he preguntado si eran reales o simplemente fruto de mi imaginación. Durante un tiempo decidí ignorarlas, dejar de prestar atención a mis sueños, a esas señales sutiles o apariciones que me dejaban sin aliento. Pensé que, si las dejaba atrás, podría vivir más tranquila, sin el constante "¿por qué?". Pero pronto comprendí que negarlas no las haría desaparecer: esas preguntas necesitaban respuesta, y la única forma de encontrarlas era enfrentándolas.

Desestimé toda inclinación por esta área. Dejé de lado toda inclinación por lo espiritual. Solo lo real. Estudié, me formé como profesional y trabajé en mi área, —lo cual sigo haciendo hoy— aprendiendo también muchas otras cosas. Sin embargo, a pesar de dedicar mucho tiempo a la casa y el trabajo, lo que me mantenía bastante ocupada, había una constante que no cambiaba, me gustaba mucho estar afuera, rodeada por la naturaleza, los árboles y las plantas, también escuchar el canto de los pájaros y siempre estaba presente la preocupación por nuestro entorno.

Un día en especial, la vida me dio uno de esos remesones que hacen tu vida temblar y sacar todo de su lugar. Producto de esto me sentí muy agobiada, desanimada y sin ganas de seguir adelante. Sentí que perdía el control de mi vida y que ya no podía continuar, fue como si estuviese rindiéndome después de tanto batallar.

Ese día en particular, estaba muy deprimida, sumergida en el llanto y los malos pensamientos. Recuerdo, era como las 12 del mediodía cuando volví a casa y me detuve en el frente de la casa, en el estacionamiento, y desde ahí observé cómo todo lucia como una postal: un manto blanco lo cubría todo. Las calles y las casas parecían hechas de seda blanca, con un brillo suave y casi mágico.

El día anterior, había estado nevando la mayor parte del día, y ahora la nieve reposaba mientras la luz del mediodía la iluminaba con fulgor.

Mi jardín en el frente de la casa, estaba como todo el resto, cubierto de este manto blanco que no hacía distinción entre las casas. Estábamos a principio de febrero y faltaba más de un mes para primavera, temporada que todos esperamos con ansiedad después de los largos y fríos días de un largo invierno en el hemisferio norte.

Después de estacionar y bajar de mi vehículo, me dirigí a la entrada principal para recoger el correo, acción totalmente cotidiana. Ya una vez con las cartas y el periódico en mis manos, caminé por el costado de la casa, hacia la entrada de atrás que es la que usualmente usamos.

Mi esposo había estado removiendo nieve temprano en la mañana y había creado un pasillo que nos permitiera transitar desde la parte de atrás de la casa hacia el frente, en donde estacionábamos los vehículos. Y cuando iba por ese pasillo, vi algo que me llamó la atención. Miré y volví a mirar reiteradas veces porque no lograba comprender que era lo que estaba viendo, a pesar de que estaba en frente de mí.

Debajo de un montón de nieve había algo verde: era una hoja de un intenso color esmeralda. Esto me sorprendió muchísimo, pues no podía imaginar que algo estuviera creciendo en condiciones tan inhóspitas. Solté las cosas que traía entre mis manos y comencé a remover la nieve para ver lo que había debajo.

Me sorprendí profundamente al descubrir que debajo de toda esa nieve había un tulipán rosado. Estaba doblado, arrastrado sobre el suelo, aguantando el peso de unos cuatro pies de nieve sobre su delicado tallo.

Al verlo, una emoción indescriptible me invadió. Quizá sorpresa pura... no lo sé, pero me quedé boquiabierta. Con delicadeza fui removiendo la nieve que lo cubría. Entonces ocurrió: observé cómo el tulipán se levantaba, recobrando una presencia erguida, solemne y vibrante. Era tan imponente que, por un segundo, llegué a pensar que estaba perdiendo la razón. ¡Era imposible!

Por varios minutos permanecí inmóvil, sin palabras ni pensamientos, simplemente contemplando ese tulipán. Luego... mi mente volvió a cobrar vida: ¿qué hacía un tulipán allí? No era ni la estación adecuada ni el sitio donde uno esperaría encontrarlo. No recordaba haber plantado nada similar, ni arbustos ni flores. ¿Estaba allí solo para que yo lo viera?

No presentaba daño alguno por haber soportado todo ese peso de la nieve. Sabía definitivamente que no estaba ahí antes de la nevada —de inmediato habría notado sus hojas. Lo más asombroso de todo es, que yo no he plantado nunca tulipanes. Si, sé que en ocasiones es muy posible que salgan solos, pero ¿ahí? Ni siquiera era jardín. Era un tulipán rosado, hermoso, parecía ser de una papa de unos tres a cuatro años al menos por su estructura y tamaño.

Dejé al tulipán a solas para que respirara y entré a la casa. Mi mente no podía alejarse de lo que había ocurrido. ¿Cómo era posible encontrar un tulipán rosado, casi como de porcelana, enterrado en la nieve, hace quién sabe cuánto, y que no se hubiera dañado?

Era realmente muy extraño. El resto del día se me pasó entre una cosa y otra, y la tristeza que tenía antes de encontrar al tulipán había desaparecido. En la tarde sentada frente a la chimenea, tomando un café, le pregunté si había visto la que estaba al costado de la casa, y me dijo que no.

Claro, cuando él llegó ya estaba oscuro, así que ni en sueños podría haberlo visto. Bueno, mientras tomábamos el café le conté que lo había descubierto y que era muy lindo, también comenté que no podía imaginarme de donde había salido la papa o quién lo podría haber plantado. Los dos nos quedamos mirándonos con un poco de desconcierto, pensando en cómo y cuándo, pero no llegamos a ninguna conclusión.

Al día siguiente, lo primero que hice fue salir a ver si el tulipán seguía vivo—digo "vivo" porque estaba muy frío, y los tulipanes pertenecen a estaciones más cálidas. Fue una mañana gloriosa: el sol brillaba y, como mi casa está orientada al norte, los primeros rayos matinales caían justo sobre el jardín. La escena era hermosa: todo el entorno estaba cubierto de blanco, iluminado por un resplandor limpio, y ahí estaba la flor, intacta, erguida, hermosa y llena de vida. Fue realmente impactante. ¡El tulipán seguía ahí!

Cuando el sol comenzó a calentar un poco más, hacia el mediodía, parte de la nieve empezó a derretirse, aunque apenas un poco. Por lo general una nevada como la de esa noche dura al menos como cinco días. Fue entonces cuando se me ocurrió la gran idea de sacar la pala de jardín e ir a despejarle los alrededores a mi flor estrella, para darle más espacio.

Cada día salía a mirarla y a disfrutar de su belleza, después de todo era la única, no había ninguna otra flor en todo mi jardín que hubiese despertado tan temprano, ni mucho menos en los jardines vecinos.

El tulipán permaneció allí durante mucho tiempo, impecable y elegante, como una delicada pieza de porcelana que resiste las inclemencias, convirtiéndose en llave que abrió una puerta en mi interior, liberando pensamientos y emociones que había mantenido encerrados durante demasiado tiempo. Sentí que algo profundo despertaba: una fe genuina en lo que escapa a toda lógica, en esa magia que regala la vida y que, sin embargo, es tan auténtica como el aire que respiramos cada día.

Esa flor, frágil pero decidida, se convirtió en un símbolo vivo de esperanza y misterio. Me hizo cuestionar los límites de lo posible y reconectar con la maravilla que se esconde en lo cotidiano. A su lado, comprendí que a veces lo más extraordinario sucede en los lugares más inesperados, y que creer en lo inexplicable no es ingenuidad, sino valentía.

La experiencia no solo despertó aquello que había mantenido oculto en años de soledad, desconectada de mi esencia, sino que también me devolvió emociones hermosas y una profunda admiración por la madre naturaleza. Algo en mi interior renació con fuerza, y mi rostro comenzó a iluminarse con sonrisas cada vez más frecuentes.

Desde entonces, mi vida experimentó un giro sutil pero decisivo. Mi corazón se fue colmando de un sentimiento nuevo, difícil de definir, pero lleno de ternura y claridad. Las penas y la incertidumbre fueron cediendo su espacio, mientras florecía en mí una nueva capacidad: aceptar que la vida se compone tanto de lo mágico como de lo cotidiano, y que ambos pueden convivir en armonía y aprendizaje.

Para cuando llegó junio, el hermoso tulipán ya comenzaba a deshojarse. Había sido la flor más longeva y bella de toda la primavera. Le sugerí a mi esposo que lo trasplantáramos a un lugar más adecuado, ya que su flor se estaba marchitando. Él tomó la pala y cavó con cuidado, tomando un terrón grande de tierra para preservar la base del bulbo. Aunque aún no era momento de desenterrar la "papa" para dejarla secar, decidimos replantar el tulipán en un área donde, en el futuro, podríamos sembrar más tulipanes.

Para nuestra gran sorpresa, al momento de trasplantarlo, el gran terrón de tierra se partió justo por la mitad, justo donde yacía el tulipán. Mi esposo, atónito, bajó rápidamente la pala con lo que quedaba de tierra, solo para quedar aún más asombrado. Me llamó de inmediato y me dijo: "¡Ven a ver esto!". Yo le respondí: "¿Qué es lo que quieres que vea?", y él replicó: "¡Mira, no tiene papa! ¡Ni siquiera una pequeñita, solo una raíz fina!". Nos miramos, buscando una explicación lógica. Entonces él comenzó a escarbar dentro del hueco que había quedado tras remover la planta, intentando encontrar si el tubérculo se había desprendido, pero no. No había nada. Fue muy difícil comprender que no había ni bulbo ni tubérculo, ni siquiera una pequeña "papa", solo una raíz tan sutil que parecía más un hilo que un sostén.

De igual manera lo replanté, con la esperanza de que sobreviviera y, mágicamente, volviera a florecer al año siguiente. Pero no ocurrió. No volvió. ¡La magia existe! Es algo que se manifiesta cuando uno se abre a creer. La magia no es algo cotidiano como lo real, como la rutina de la vida diaria. Pero cuando se abre el corazón a lo extraordinario, la vida puede sorprendernos con cosas increíbles: verdaderos regalos, obsequios de la madre naturaleza para quienes vivimos una vida real... en un mundo mágico.

No bases tu vida solo en lo real, no dejes que los conflictos o dificultades que puedas enfrentar, definan tu camino, ni empañen tu espíritu con su sombra. Nada en este mundo de humanos es eterno: todo lo que hoy duele, mañana dolerá menos. Abre espacio para el verdadero amor: ese sentimiento que todo lo puede, aquel que te permite ver más allá de lo que se puede ver con los ojos, sino con los ojos del alma.

Ejercicio Personal

¿Alguna vez viviste una experiencia que no pudiste explicar con la lógica, pero que dejó en ti una huella profunda?

¿Cómo reaccionas cuando la vida te muestra señales que desafían lo cotidiano? ¿Las ignoras, las cuestionas o las escuchas con el corazón?

¿Te has sentido alguna vez reconectando con tu esencia a través de algo simple y bello de la naturaleza?

¿Crees que lo mágico y lo real pueden convivir en tu vida? ¿Qué lugar le das a la fe, la intuición y lo inexplicable en tu camino personal?

LA FURIA DEL HURACÁN

El viento rugía, ganando fuerza con cada embestida, volviéndose más feroz, más insoportable. Eran los rugidos de la noche los que me mantenían despierta: incesantes, incansables. Parecía vivo, como una bestia descontrolada, azotando sin piedad todo lo que encontraba a su paso.

El temor y la incertidumbre se instalaron como los únicos invitados en aquella noche: sombras densas que se aferraban a mi mente. No sabía si la misericordia habría escuchado mi plegaria, aquella que, temblorosamente, susurré al cielo esa misma tarde.

Con cada ráfaga, mi corazón se encogía aún más. Mis pensamientos se deslizaban entre recuerdos de la niñez y las posibilidades inciertas de un futuro que, en ese momento, parecía cada vez más lejano.

No había razones para la fe. Todo estaba negro y frío, expectante, a la espera de una devastación que ya no podía detenerse.

En los intervalos de silencio —esos engañosos segundos de calma que precedían a la próxima embestida—intentaba encontrar algo en qué sostenerme. Recordaba otros tiempos, otros momentos difíciles. Pensaba en todas las veces que creí que el dolor no acabaría, en aquellas pruebas que parecían insuperables y, sin embargo, fueron superadas.

Aún en la peor tormenta, de algún modo, siempre se sigue adelante.

Lo que se pierde se reconstruye.

Lo que se quiebra se sana.

Lo que hoy parece una herida abierta, mañana será solo un recuerdo.

Pero aquella noche... aquella noche no parecía haber un mañana; pocas veces en mi vida he sentido un miedo tan absoluto, uno de esos que se graban en la memoria y nunca se olvidan.

Ese miedo era tan real, tan presente, que no tardó en arrastrarme hacia otro momento que había marcado mi vida para siempre: el terremoto de 1985.

Estaba nuevamente en zona cero, enfrentando una nueva tragedia, como si el destino quisiera ponerme otra vez en el mismo epicentro de la devastación.

Crecí acostumbrada a los temblores. En mi tierra, el suelo tiembla como si respirara, como si tuviera un latido propio.

Pero aquella tarde de domingo fue distinta.

El temblor comenzó... y no se detuvo. Las paredes se estremecían, el suelo oscilaba con una fuerza nunca antes vista. La tierra no solo temblaba; se desgarraba.

Los movimientos ondulados hacían que todo pareciera flotar y colapsar al mismo tiempo. Las calles se abrían en grietas profundas, como si quisieran tragarse el mundo.

La misma impotencia, la misma vulnerabilidad, la misma certeza: hay momentos en la vida en los que uno solo puede resistir y esperar.

Una de las imágenes más impactantes que aún se mantiene viva en mi mente es la de ver los muebles salir volando por la ventana del cuarto piso del edificio donde vivía.

Vi flotar hacia el vacío tanto a televisores como sillones. Con cada movimiento horizontal que el edificio hacía, las cosas salían despedidas a través de los ventanales, que explotaban en mil pedazos. Eventualmente, se estrellaban contra el suelo, produciendo un estruendo tremendo que, junto al ruido del terremoto, me dejaba paralizada de miedo.

Recuerdo que, cuando el temblor comenzó a apaciguarse, pudimos salir al exterior, solo para encontrarnos con que la avenida Huanhualí —la que permitía el acceso al troncal— se había abierto con una grieta que corría por el medio, sin dejar ver el final.

Era ancha y profunda, y pasaron muchos meses antes de que terminaran las reparaciones.

Años después, cuando creí haber dejado atrás aquel terror, la noche del huracán Sandy me demostró que el miedo... siempre encuentra nuevas formas de regresar.

Lo que estábamos viviendo esa noche de octubre era algo nuevo, algo que solo habíamos visto por televisión. No se trataba de tormentas —ni de que no hubiéramos enfrentado algunas fuertes antes—, sino de un verdadero huracán. Y no uno que debilitara su fuerza... sino todo lo contrario: ocurrió lo inesperado. Al tocar tierra, el huracán subió su categoría.

Así como cuando algo presiona el pecho y no te deja en paz... así era mi sentir horas antes de su llegada.

Era el huracán Sandy, que llegaría a tocar las costas de New Jersey.

Llevábamos varios días sabiendo sobre esta posibilidad, y con el paso del tiempo, la amenaza se volvía más certera.

Trataba de pensar, tal vez asumir cuán malo sería, pero no imaginaba lo que era sentir miedo real.

Miedo a no saber lo que pasaría el minuto siguiente.

Miedo a no saber si tu casa seguiría en pie unos minutos más.

La furia en persona se hacía presente. Imponente y fuerte, me decía —irónicamente—:

"Aquí estoy. ¿Y tú te quejabas de problemas?"

Eran tantas las cosas que pasaban por mi mente que no lograba sostener un solo pensamiento.

Sentía los cristales de las ventanas vibrar agudamente, produciendo un sonido mortífero, mientras los árboles, prepotentes, desafiaban a los vientos rabiosos.

Los vi doblarse hasta tocar el suelo, y luego volar, arrancados de sus terruños.

¡Qué furia, qué rabia traía este huracán!

¿Por qué nosotros?

¿Qué hemos hecho para recibir la furia de la madre naturaleza?

¡Cuántas preguntas absurdas se hace uno en momentos de miseria e incertidumbre!

Nuestro mundo está enojado, nuestra tierra maltratada.

¿Es que acaso no somos culpables de nuestros propios errores?

Claro que lo somos.

Pero no creo que a nadie le sirvan esas pobres excusas cuando eres golpeado por un desastre "natural" como este...

Las horas continuaban su curso, y el viento no cedía ni parecía cansarse.

¡Qué tragedia! Me preguntaba qué quedaría después, cuando la calma regresara.

Pensé tantas cosas que lamento no haber tenido un lápiz y un papel, porque sé que uno de esos pensamientos se habría convertido en la *esencia de un gran best seller*.

Mientras el viento seguía azotando y la noche parecía no terminar, recordaba todo lo que nos habían dicho para prepararnos.

Desde temprano en la mañana anunciaban la llegada del huracán, y con ella, todas las indicaciones sobre cómo actuar.

Dentro de lo esencial estaban: linternas, cargadores de baterías, gasolina en los vehículos, agua potable, medicamentos, y claro... si podías evacuar, hacerlo.

New Jersey nunca había implementado un sistema de emergencia como en otros lugares, donde la gente aprende a tener una mochila con lo esencial lista para llevar en caso de desastre.

Esa tarde, mi esposo y mi hija menor pasaron tiempo poniéndole cinta adhesiva a las ventanas, como recomiendan cuando hay vientos fuertes, para evitar que los cristales salieran disparados al romperse.

Yo, por mi parte, no lograba tranquilizarme.

Había hecho las compras el día anterior y, sin volverme loca como muchos, había comprado suficiente para pasar varios días.

Aunque, en realidad, jamás pensé que serían "días".

Y mucho menos... días sin respuestas, sin luz y sin control.

Cerca de las siete, ya estaba casi oscuro. Nos habíamos acomodado en la sala pequeña, entre la cocina y el comedor. Ahí teníamos la televisión.

Mientras en las noticias seguían pronosticando lo peor, nosotros, aunque no dejábamos de tomarlo en serio, aún dudábamos de cuán terrible podía llegar a ser.

Y la verdad, no vimos lo serio del asunto... hasta que comenzó la angustia.

El viento fue lo primero que se sintió diferente. Era fuerte, y su sonido también lo era. Las ráfagas venían espaciadas, como si tomaran impulso entre cada embestida. En una de esas, se sintió como si el viento atravesara el centro de la casa, haciéndose presente con una fuerza tal que parecía dividirla en dos. Toda la estructura se estremeció.

Creo que fue en ese momento cuando comprendimos que, aunque ya era tarde para evacuar —porque todo estaba cerrado—, haberlo hecho habría sido lo más lógico.

Era solo el inicio de lo que sería una larga noche.

Después de aquella ráfaga que hizo vibrar la casa entera, mi esposo decidió ir por uno de los colchones para que pasáramos la noche en esa esquina de la casa, resguardados por las paredes laterales y el techo del segundo piso, que actuaban como una especie de abrigo protector. Estábamos en el primer piso, y si las cosas empeoraban, sabíamos que aún teníamos la opción de bajar al sótano.

Pasadas las ocho de la noche, perdimos la electricidad. La oscuridad cubrió toda el área. Adentro y afuera, todo era negro. Lo único que se sentía era el rugir del viento y el incremento constante de la lluvia.

Para mi hija menor, esto era como una especie de aventura. Se sentía como si estuviera acampando, y estaba emocionada. Para ella, era una experiencia nueva. Yo, en cambio, no podía sentirme tranquila. Todo lo contrario.

Al rato de estar sin luz, todo comenzó a aclararse un poco. Como suele ocurrir después de un tiempo, la vista se adapta, y uno empieza a distinguir con mayor nitidez, como si hubiese más claridad.

Estaba sentada en uno de los sillones, que había colocado en dirección al patio. Aunque estaba lejos, nuestra cocina era bastante grande, y los ventanales que daban al fondo estaban cubiertos con cinta adhesiva, lo que hacía aún más difícil ver hacia el exterior.

En medio de esa penumbra y ese silencio tenso, algo comenzó a llamar mi atención.

Me pareció como cuando ves manchas en la vista —esas que flotan a veces—pero eran más pequeñas. Luego ya no vi una, sino varias, moviéndose por donde estábamos.

¡Qué locura fue buscar una radio a pilas!

¿A pilas? ¡Sí! Y por supuesto, que funcionara. Sabíamos que teníamos una, pequeña, probablemente guardada en alguna caja con cachureos. Finalmente la encontramos.

Irónicamente, todo lo que dábamos por sentado —teléfonos, internet, aparatos inteligentes— quedó inutilizado. Solo esa pequeña radio de bolsillo, olvidada por años, fue nuestra conexión con el mundo. Qué lección tan inesperada.

Y ahora me pregunto:

¿Por qué no usamos uno de los tres computadores para conectarnos en línea?

¿O alguno de los iPods que hay de sobra?

¿O mejor, uno de nuestros teléfonos inteligentes, esos que hacen maravillas?

Sencillamente, porque no había conexión posible. No esa noche y no la hubo por más de una semana.

¡No había electricidad! Aun teniendo baterías cargadas, no había señal disponible. No había forma de saber nada, ni de ver ni de escuchar nada, si no era con esa pequeña e insignificante radio de bolsillo que, hace más de veinte años, alguien me había regalado.

¿Y entonces?

¿Dónde quedan nuestros adelantos?

¿Dónde está esa tecnología maravillosa de la que disfrutamos cada día?

¡Increíble, pero cierto!

Y esa es la última verdad a la que debemos prestar atención:

¿Qué es lo que realmente tenemos?

¿Qué es lo que verdaderamente sirve?

¿Y qué es lo que, finalmente, permanece?

Cuando escuchaba a otros decir "debes prepararte para una emergencia", siempre imaginaba que hablaban de juntar comida, agua y tener ropa limpia por si acaso. Pero la sustancia de las emergencias es algo muy distinto.

Es algo que no puedes anticipar sin haberlo vivido.

Como todo en la vida: una vez que adquieres experiencia, tu oficio mejora.

Y fue entonces cuando lo comprendí con claridad: vivimos rodeados de cosas que no sirven.

Se nos va la energía en objetos que, en momentos de tragedia, no significan nada y no ayudan en absoluto.

No sé si realmente tengamos la solución, o si serviría de algo ser más conscientes con nuestras acciones hacia la Tierra.

Pero lo que sí puedo decir es que siento que todo se ha intensificado.

Todo se ha vuelto menos predecible.

Y todo deja más estragos que antes.

Cada tormenta, cada terremoto, cada huracán, cada tsunami...

todos son ahora más fuertes, más agresivos, más difíciles de sobrepasar.

Traen desgracias, duelos, pérdidas irreparables.

Se llevan consigo a seres queridos que no volverán, y con ellos, arrastran los bienes materiales que solo vienen a sumar dolor al alma de las víctimas.

En este huracán, como en muchos otros, muchas personas lo perdieron todo: sus casas, sus enseres, sus recuerdos, todo aquello que con tanto esfuerzo habían construido.

Pero muchos otros perdieron algo aún más irrecuperable: la vida.

Y es ahí donde me pregunto:

¿Acaso no sabemos apreciar nuestras vidas?

¿O simplemente no entendemos que pueden ser quitadas en cualquier instante?

Es verdad que el dolor es grande cuando se pierde todo.

¿Cómo empezar de nuevo?

¿Quién me ayudará?

¿Quién me dará la mano?

Hablar desde afuera siempre es fácil.

Pero aquí, dentro del mismo bote, la lección es otra.

La enseñanza es distinta.

Si es que algo queda de estas tragedias, es esta reflexión:

¡Qué vulnerables somos!

Dependemos de cosas que, en medio del caos, se convierten en fantasía.

Sé que es el miedo el que más estragos causa dentro de mí.

¿Pero miedo a qué?

¿A perderlo todo?

¿Y qué es "todo"?

Cuando el agua, el viento y el fuego te pueden quitar todo en un segundo, sin miramientos...

Entonces, ¿qué te queda?

Te queda tu gente.

Tu familia.

Eso es lo que siempre queda.

Porque cuando todo parece desmoronarse, lo único verdaderamente firme es el amor que nos une.

Y si eso lo tenemos presente, si lo cultivamos a diario —sin tormenta, sin advertencia—, entonces, quizás, estemos listos... para cualquier huracán.

Y cuando tienes la gran suerte de no haber sido víctima de un desastre, comprendes el verdadero significado de estar agradecido.

Porque aprender a valorar lo que se tiene no siempre es fácil.

A muchos les duele mucho perderlo todo, pero finalmente llegan a comprender qué era lo que realmente tenían... y qué era lo que ya no está.

Cada día es una nueva oportunidad para celebrar la vida, para abrazar a los tuyos, para demostrar amor al prójimo.

No importa cuál sea tu creencia o tu fe: cada día es el día indicado para fortalecer tus cimientos.

Aprender de estos momentos es posible, y para mí ha sido como la pieza que faltaba para comprenderlo todo.

Lo que quiero está aquí.

Y no son cosas materiales.

Porque estando con ellos, lo tengo todo.

Aprendí que es ahora —y no mañana— cuando debo hacer lo que quiero hacer.

Aprendí que el miedo que sentimos en una tragedia siempre ha estado ahí... solo que no lo vemos hasta que la desgracia toca nuestra puerta.

Aprendí que escribir forma parte de mí, porque incluso en medio del caos, mi mente no dejaba de redactar, como si intentara grabar cada instante en mi interior.

Aprendí que uno debe estar en paz consigo mismo.

Y que las listas enormes de cosas "por si acaso" no sirven al momento de huir, porque no te llevas nada.

Hoy tengo claro lo que de verdad necesito tener preparado para una próxima emergencia...

Escribir todo lo que pueda.

No postergar.

Disfrutar.

Y, por último —pero más importante—: disfrutar de quienes son los míos, mi familia.

Porque la verdad es que, con ellos, lo tengo todo.

Ejercicio Personal

¿Has vivido alguna situación extrema que haya puesto a prueba tu fortaleza interior?

¿Qué descubriste que realmente necesitas cuando todo lo demás deja de importar?

¿Cómo reaccionas ante el miedo cuando no puedes controlar lo que sucede a tu alrededor?

¿Qué valoras hoy que antes dabas por sentado?

ENTRE CAJAS Y RECUERDOS

Últimamente me he sentido extraña, como si la vida estuviera acelerando su paso y yo apenas pudiera seguirle el ritmo. Es una sensación difícil de describir, como si los días se encogieran y las horas se me escaparan de entre las manos. Cada mañana me levanto con una lista mental de cosas que quiero hacer, pero rara vez las cumplo como lo había planeado. Algo me interrumpe, me distraigo, pierdo el hilo —como dicen algunos— y termino desviándome del rumbo.

Aun así, me esfuerzo por reorganizar mi vida, buscando esa sensación indefinida... un "no sé qué" que imagino al final del camino. Tal vez sea libertad, o quizás paz; no lo tengo claro. Lo que sí sé es que sigo buscándola.

Por esas vueltas inesperadas que da la vida, me he visto forzada a empacar. Sí, a hacer cajas para una nueva mudanza. Y no cualquier mudanza, sino de esas que merecen un suspiro largo antes de siquiera empezar. Estoy segura de que quienes me leen entienden perfectamente lo que implica —ese caos temporal que convierte la casa en un laberinto de cartones y recuerdos.

Me tomó varios días decidir por dónde y cómo empezar. Finalmente, elaboré un plan de acción que me pareció menos abrumador, sobre todo porque, dadas las circunstancias, esta vez sería inevitable desprenderme de muchas cosas que ya no tienen cabida en la vida que estoy por iniciar.

Es cierto: la vida corre más rápido de lo que uno imagina. Sin darme cuenta, mis hijas dejaron de ser niñas y se convirtieron en mujeres; tanto así que hoy tengo un nieto... un pequeño maravilloso que adoro tanto o incluso más que a su propia madre.

A veces me asombra pensar que tuvo que llegar este momento para darme cuenta de que ya he recorrido más de la mitad de lo que, con optimismo, podríamos llamar el "pronóstico de vida" —si todo sigue bien, algo que pido con todo mi corazón.

Sin embargo, mi despertar hacia una vida más serena empezó antes. A eso de los cuarenta comencé a sentir un alivio profundo en muchos aspectos: en la manera de pensar, en la forma de afrontar los problemas y en la elección de mis prioridades. Deseaba una vida más pausada, menos complicada... un espacio para saborear lo que habíamos construido con tanto esfuerzo y amor.

Lo primero era decidirme a ir por las cajas. Parece un paso obvio —si hay que empacar, necesitamos cajas—, pero dentro de mí había algo que me retenía, un "no sé qué" que me hacía postergar la tarea un día tras otro.

Cualquiera que haya pasado por una mudanza sabe que el proceso no es fácil, pero yo lo sabía mejor que nadie: la última vez que me mudé fue hace ya doce años. Ese recuerdo tan vívido, pesaba sobre mí como una advertencia silenciosa.

Hace unas semanas, una noche cualquiera, estaba sentada viendo televisión. Era ese breve lapso de calma que se da entre terminar la cena y prepararse para dormir. Sin previo aviso, una pregunta empezó a rondar mi mente: ¿hasta cuándo voy a seguir posponiendo esto?

Esa pregunta se repitió una y otra vez, y entonces la película comenzó. No era una película en la pantalla, sino en mi propia mente. Como si un carrete invisible empezara a girar, me vi a mí misma repasando cuántos años llevamos en esta casa y cuántos momentos hemos vivido aquí: instantes luminosos y alegres, pero también días oscuros y llenos de prueba.

Recordé con claridad cómo me sentía cuando crucé por primera vez la puerta de lo que sería nuestro nuevo hogar. Era una etapa marcada por la inestabilidad y la preocupación. Problemas de salud amenazaban con acortar mi existencia, y esa idea era insoportable, porque aún me quedaba por criar a mi hija pequeña.

Sin embargo, la vida, que a veces se viste de milagro, trajo consigo un cambio inesperado. Esta casa se convirtió en un refugio, en un espacio donde pude recobrar energías y comenzar a sanar. Fue un periodo casi mágico, y vivir cerca del mar obró en mí un efecto reparador. El sonido de las olas, el olor salino en el aire y la simple visión del horizonte me recordaban, día tras día, que todavía había razones para seguir.

Una tras otra, como páginas que alguien pasara lentamente, vi desfilar ante mí las memorias más significativas de estos años. Y en ese instante lo comprendí con una claridad casi dolorosa: la vida es como un libro que se va escribiendo mientras avanzamos. Cada día añade una línea, cada año completa un párrafo, y cada etapa se convierte en un capítulo que tarde o temprano se cierra.

Si no he calculado mal, mi historia, hasta este momento, se compone de cuatro capítulos extensos. Todos han tenido un momento crucial que marcó su final, y este capítulo número cuatro está a punto de cerrarse de una forma parecida... pero no idéntica.

Sí, duele. Duele hondo, en un lugar donde las palabras no alcanzan. Pero la diferencia es que la persona que está cerrando este capítulo no es la misma que lo inició ni la que puso el punto final a los anteriores. Yo he cambiado.

Hoy, mi manera de entender las cosas es distinta. He aprendido que el proceso de olvidar no siempre significa borrar, sino aprender a convivir con lo vivido sin que pese tanto. He descubierto que crecer no es solo envejecer, sino ganar una mirada más amplia, más paciente. Y he recibido la oportunidad de vivir experiencias que nunca antes había imaginado, experiencias que han dado forma y sentido a este capítulo cuatro y que, de algún modo, me preparan para el que está por comenzar.

Hoy ya no me acompañan los miedos ni las angustias que alguna vez me pesaron como una carga invisible. No vivo atrapada en la preocupación constante de qué pasará mañana, ni de cómo voy a sostenerme el mes próximo, ni de qué estrategias tendré que inventar para que todo cambie. He soltado ese hábito de anticipar tormentas antes de que aparezcan.

Recuerdo que, en los primeros años en esta casa, encontré una terapia silenciosa: caminar. Comencé con distancias cortas, y sin darme cuenta, llegué a recorrer hasta siete millas al día. Era como si, con cada paso, mi mente fuera dejando atrás pedazos de inquietud. Aquel simple ejercicio no solo fortaleció mi cuerpo, sino que también me ayudó a ordenar mis pensamientos y a recuperar la calma.

Hoy, más serena y en paz con la vida que llevo, me dispongo a abrir un nuevo capítulo. No sé si será el último —nadie lo sabe—, pero sí tengo la certeza de que será uno de los más significativos. Porque ahora puedo ver, con gratitud y orgullo, los frutos de aquello que sembramos hace muchos años. Lo que antes era solo un esfuerzo constante y silencioso, hoy florece como un recordatorio de que todo lo que se cultiva con amor y paciencia, tarde o temprano, da fruto.

Empacar es, sin lugar a dudas, una de las tareas más ingratas que existen. Sí, lo diré sin rodeos: ¡es horrible! En el momento en que aparece la primera caja armada, todo comienza a perder su lugar, el orden se desvanece, y con él, esa falsa sensación de control que tanto nos gusta tener.

En mi trabajo, como profesional, veo muy a menudo procesos de cambio y reorganización, pero eso no me salvó de la incomodidad de vivirlo en carne propia. Por más que intenté encontrar un atajo, la realidad es que esta experiencia no tiene escapatoria: hay que atravesarla.

La gran pregunta era: ¿Por dónde empezar? No quería provocar un caos general sin tener idea de cuánto tiempo duraría. Solo de pensarlo me invadía una ansiedad silenciosa, esa que no grita pero que aprieta el pecho y te roba la tranquilidad. Por eso, antes de mover un solo objeto, decidí hacer un plan. No uno perfecto, sino lo suficientemente claro como para que, al menos, me diera la sensación de que yo estaba dirigiendo el proceso y no al revés. Saber que tenía un orden definido me dio un poco de calma, como si fuera un salvavidas en medio de la marea de cajas que se avecinaba.

Decidí comenzar por la salita de lectura, el rincón más pequeño y aparentemente manejable de mi casa. Allí me esperaban decenas de libros —viejos compañeros de viaje— y, sobre todo, los álbumes de fotografías que guardaban años enteros de recuerdos. Era un espacio diminuto, pero cargado de memoria.

El primer día que crucé ese umbral con una caja en las manos, supe que, inevitablemente, abriría también la puerta a mis recuerdos. Bastó con ver el lomo de un viejo álbum para que todo se desplegara: fotos amarillentas y otras más recientes, sonrisas congeladas en el tiempo, miradas que parecían querer decirme algo desde el papel.

Recordé los días en que aún revelábamos las fotos y las organizábamos con paciencia en un álbum, cuidando de que cada una tuviera su lugar. Hoy todo se sube a "*la nube*" y queda a merced de servidores invisibles que algún día, quizá, dejarán de existir, llevándose con ellos fragmentos enteros de nuestras vidas.

Me dejé caer en el sillón, con el álbum abierto sobre las piernas, y el tiempo comenzó a desvanecerse. Mientras revisaba qué se iría y qué se quedaría, las horas pasaron sin que me diera cuenta. Afuera, la tarde avanzaba, pero yo estaba atrapada en un viaje silencioso hacia mi propio pasado, como si cada página me llevara de la mano a lugares que creía olvidados, pero que seguían vivos dentro de mí.

Volver a ver a mis hijas en esas fotos, con sus cabellos despeinados por el juego, sus risas abiertas y sus miradas llenas de curiosidad, me produjo una emoción tan intensa que por un momento tuve que cerrar el álbum y respirar hondo. Fue una sensación dulce y cálida, como reencontrarme con una parte de mí que había quedado dormida en el tiempo.

Y luego, al mirar la realidad de hoy, comprendí que aquellas niñas se habían convertido en mujeres hechas y derechas, con principios firmes y un corazón noble. Mujeres educadas, que valoran la vida y agradecen —aunque no siempre lo digan— cada esfuerzo que hicimos para que tuvieran lo que hoy poseen. Y no hablo de bienes materiales, sino de algo infinitamente más valioso: los valores con los que fueron criadas. Honestidad, respeto, gratitud y la capacidad de ver lo bello en lo simple.

En ese rincón también estaban mis libros, apilados en estantes que parecían abarrotados de historia. Libros que quizá ya nadie volverá a leer, pero que en su momento fueron compañeros fieles de nuestras tardes tranquilas. Muchos de ellos fueron releídos tantas veces que sus páginas guardan la huella de nuestras manos y, tal vez, de nuestras lágrimas y risas. Pensar en no llevarlos conmigo fue una decisión dolorosa. Era como dejar atrás no solo papel y tinta, sino también los instantes que compartimos entre historias y silencios.

El momento de decidir qué objetos merecían quedarse y cuáles debían partir fue, sin duda, uno de los más duros del proceso. Para mí, todo tiene un valor, aunque sea mínimo. Cada piedra que recogí en la playa, cada conchita de mar encontrada durante una caminata, cada pequeño "tesoro" que otros considerarían una simple tontería... todos guardaban una historia. Y dejar ir una historia, por pequeña que parezca, siempre duele.

Sin embargo, sabía que este desapego era necesario. La vida, de alguna forma, nos obliga a viajar más ligeros. Me repetía que los recuerdos verdaderamente importantes no dependen de los objetos, sino de las sensaciones y experiencias que se quedan grabadas en el alma.

Con el tiempo he comprendido que todos los momentos tienen un valor intrínseco. No existen los instantes "sin importancia" porque, incluso los más pequeños, forman parte del hilo invisible que teje nuestra historia personal. Están en nuestra memoria, en nuestro ser, y ningún baúl ni caja puede contenerlos de verdad.

A veces pienso que sería mucho más sencillo llevar una bitácora de la vida —un cuaderno donde cada página capture una emoción, un aprendizaje, una sonrisa— en lugar de acumular cajas y cajas de objetos materiales que, llegado el día de nuestro último viaje, no podremos llevar con nosotros. Y quizás, al final, esa libreta pese menos... pero signifique más.

Me repetía a mí misma que debía hacerme "el corazón de piedra" y dejar ir todo aquello que no usaba, aunque la tarea estuviera muy lejos de ser sencilla. Es curioso cómo un simple objeto puede parecer insignificante hasta el día en que decides que ya no lo tendrás más: de pronto, se llena de significados, como si quisiera aferrarse a ti para no irse.

Después de una semana y media de idas y vueltas, logré concluir la misión de la salita de lectura. No puedo asegurar que haya tomado las mejores decisiones al reducir la cantidad de cosas, pero el resultado fueron doce cajas cuidadosamente cerradas. Doce... y, sin embargo, lo que más pesaba no era el cartón, sino las preguntas que se agolpaban en mi mente.

¿Empaqué solo lo que necesito... o empaqué también fragmentos de mi vida? ¿Es posible, acaso, guardar recuerdos dentro de una caja, como si fueran frágiles piezas de porcelana? Y si así fuera, ¿qué pasaría si nunca las abro en mi nuevo hogar? Tal vez permanecerían allí, intactas, listas para ser desempacadas en el siguiente capítulo de mi historia.

Me quedé un momento observando aquellas cajas apiladas, y pensé que quizás cada una era más que un simple contenedor de objetos: eran cápsulas del tiempo, guardianas silenciosas de lo que fui, de lo que viví y de lo que aún no he decidido soltar.

Es cierto: un poco de broma en medio de todo este proceso no viene mal. Ayuda a aligerar la carga emocional y a no sentir que el corazón se encoge con cada objeto que debo dejar atrás. Sin embargo, la verdad es que, entre tanto revolver y empacar, me encontré con recuerdos que ni siquiera recordaba. Es curioso cómo algunos momentos se esconden en las esquinas de la memoria, dormidos, esperando una excusa para volver a la luz.

Si no hubiera sido por esta mudanza, probablemente nunca habría vuelto a ver las fotos de cuando mis hijas eran bebés, o las imágenes de su primer día de escuela, con esas sonrisas nerviosas que mezclaban miedo y emoción. Tampoco habría reencontrado las fotografías de nuestras navidades, aquellas en las que todavía no existía mi famosa Villa navideña —esa tradición que hoy me resulta imposible imaginar no hacer—.

Me hizo pensar en cómo vivimos: acelerados, siempre pendientes de lo que está ocurriendo aquí y ahora, creyendo que eso es lo único que importa. Y, de algún modo, es verdad. Mañana, el presente de hoy será un recuerdo; pero mientras lo vivimos, no existe ni futuro ni pasado: solo ese instante que tenemos frente a nosotros. La vida, al final, es eso: una sucesión infinita de presentes, cada uno con su propia oportunidad de ser vivido y atesorado.

Siempre que avancemos, estaremos en el presente, aunque para otros ese momento ya pertenezca al pasado. El tiempo es así: nos envuelve en una corriente que nunca se detiene, y nosotros decidimos si lo dejamos pasar sin más... o si aprendemos a habitarlo.

Una nueva etapa comienza, y esta me resulta particularmente interesante. Trae consigo una sensación de alivio y paz, como si al cerrar la última página de la etapa anterior pudiera respirar más profundamente. Hay satisfacción en saber que las cosas más importantes están casi terminadas, y que —con sus aciertos y errores— lo he hecho bien.

Una de las mayores sorpresas de este capítulo que dejo atrás fue atreverme a abrir la puerta a la escritora que siempre vivió en mí. Esa voz interna, que durante años se mantuvo en silencio o susurrando apenas, finalmente encontró la valentía para salir al mundo. Y ahora que comienza esta nueva etapa, sé que gran parte de mi tiempo y energía estarán dedicados a la escritura.

Sin miedos, sin restricciones... ya no lo veo como un sueño lejano, sino como una elección consciente. Escribir se ha convertido en una forma de respirar, de ordenar mis pensamientos y de dejar huellas que, tal vez, algún día acompañen a otros en su propio camino. Creo que lo que siento y lo que pienso merecen ser compartidos, no desde la pretensión de enseñar, sino desde el deseo profundo de conectar.

Hoy estoy convencida de que los sueños pueden hacerse realidad, y que los deseos, si se alimentan con acción y constancia, terminan floreciendo. Este nuevo capítulo no es solo una mudanza de casa... es una mudanza del alma hacia un espacio más abierto, libre y lleno de propósito.

Más que nada, anhelo aprender a vivir de forma más liviana. Quiero que mis momentos más hermosos no se traduzcan en cajas llenas de objetos que, quizá, nunca vuelva a usar, sino que se conviertan en experiencias vivas que lleve en el corazón. Quiero vivir impregnándome de cada instante, saboreando la esencia de una buena reunión en familia, escuchando las risas que llenan la casa, sintiendo la calidez de un abrazo sin prisa.

Deseo mirar a mis hijas con plena atención, no solo con los ojos, sino con el alma; grabar en mi memoria la luz que irradian, esa belleza que no depende de lo físico, sino de lo que son en esencia. No quiero que lo bueno de mi vida quede encerrado en cajas ni se reduzca a fotografías que acumulen polvo. Quiero que esté presente en cada día que me quede, en cada amanecer que me recuerde que la vida —a pesar de todo— sigue siendo hermosa.

Sé que nada dura para siempre, ni la alegría ni el dolor, ni siquiera las cajas cerradas que hoy parecen contener tanto. Todo tiene un curso natural, un inicio y un final. Y aunque no puedo controlar el tiempo, sí puedo decidir cómo vivirlo: sin cargas innecesarias, con gratitud por lo que fue y con apertura hacia lo que está por venir.

¿Qué es, en el fondo, lo que quiero compartir? Quiero recordarme a mí misma —y a quien me lea— que no debemos medir el valor de la vida por la cantidad de cosas materiales que poseemos. Nadie se lleva nada, absolutamente nada, cuando este viaje termina. Por eso, el momento de vivir es ahora.

Cada amanecer es una nueva oportunidad para disfrutar lo simple: respirar profundamente y sentir cómo el aire nos llena de vida; contemplar la majestuosidad de un árbol que ha permanecido en pie a lo largo de los años; dejarse maravillar por las flores que brotan en primavera; saborear la satisfacción de cosechar lo que un día plantamos con paciencia.

Cuando aprendemos a mirar así, la vida se transforma. Deja de ser una carrera por acumular y se convierte en la experiencia más hermosa: la de sentir en plenitud. Y es en ese sentir, en esa conexión íntima con lo esencial, donde descubrimos que la verdadera riqueza no cabe en cajas ni se almacena en armarios... porque siempre ha estado en nosotros.

Ejercicio Personal

¿Qué objetos o recuerdos conservarías si tuvieras que mudarte hoy y reducir tus pertenencias a lo esencial?

____

____

____

¿Has sentido alguna vez que guardar cosas materiales es una forma de retener momentos o personas?

____

____

____

¿Qué experiencias o instantes de tu vida te gustaría atesorar más allá de cualquier objeto físico?

____

____

____

Si pudieras "empaquetar" solo las emociones y sensaciones más valiosas de tu vida, ¿cuáles serían y por qué?

____

____

____

PARTE V

EL PROPÓSITO, EL ALMA Y LA GUÍA INTERIOR

"Cuando dejé de buscar respuestas afuera, comencé a escuchar la voz que susurraba desde mi interior."

Me pasé muchos años tratando de resolver el misterio de cuál era mi propósito en esta vida. No sabía si era algo que debía buscar, si lo encontraría en algún momento, si recibiría señales o tal vez alguien vendría a decirme qué debía hacer en esta existencia.

Es cierto, no soy la más inteligente del mundo, y cometo errores como cualquier persona normal. Pero durante mucho tiempo busqué respuestas que le dieran sentido a mi existir. Estaba enfocada solo en eso: buscar, nada más.

Escribir ha sido un camino revelador. No solo me mostró cosas que desconocía, sino que también me iluminó. Descubrí que nadie vendrá a darnos las respuestas que buscamos, porque, sinceramente, no creo que nadie pueda. Cada uno de nosotros es un universo único. Desde nuestra formación genética hasta nuestro cuerpo físico y nuestra historia personal.

Es verdad que nos parecemos en muchas cosas, que podemos ser afines y conectar profundamente, pero nuestras vivencias y experiencias son solo nuestras.

Siempre tuve esas sensaciones que llamamos corazonadas, pero me costaba confiar en ellas... o, mejor dicho, en mí misma. Esa fue mi principal carencia: la falta de confianza en mí, en mi capacidad para dar lo mejor, sin pensar que, al hacerlo, estaría cometiendo un error.

Desde ese lugar interior, desde esa búsqueda silenciosa, nacieron mis reflexiones personales. Fue allí donde comenzó este camino increíble, lleno de pensamientos, emociones y sentimientos que estaban guardados en lo más profundo de mi ser.

La espiritualidad fue una pieza esencial. Tuve que entender que nunca se había ido, que siempre había estado dentro de mí. Claro, comprendí que no era exactamente como todos la entienden o la enseñan, pero era mi espiritualidad, tal como yo la sentía y la vivía. No hay una regla general cuando se habla de esto; al menos esa es mi opinión.

Así fue como restauré el contacto entre mi persona terrenal y mi alma. Estuvieron separadas durante un tiempo, pero cuando por fin comprendí que la vida valía mil veces ser vivida —aun con sus malos momentos, o en mi caso, con todas esas memorias de dolor y sufrimiento— entonces, mis días empezaron a volverse mejores.

Recibí muchas señales de amor a lo largo de este camino. Fueron esas señales las que comenzaron a reconstruir en mí lo que las malas experiencias habían quebrado. Paso a paso, volví a creer en mí, como lo hacía aquella niña pequeña que un día soñaba con ser escritora y volar por el universo, descubriendo mundos nuevos.

Esa niña, hoy convertida en mujer, ha vuelto a confiar. Y cree profundamente que lo que hoy te comparte, entre palabras, tiene un objetivo y no es en vano. Estas palabras son sinceras, nacidas de mis vivencias. Sé que, como humana, no debo ser la única que alguna vez se sintió atrapada en un túnel, buscando la luz que la guíe hacia un camino mejor.

El camino siempre ha estado ahí. Hay que vivirlo, sin importar cómo sea. Hay que avanzar. La vida no se detiene, y por eso, nosotros tampoco debemos hacerlo.

La energía positiva, esa chispa de luz que habita en todos nosotros, es lo que nos guía. Aunque a veces estemos cegados por las incoherencias de la vida, no te rindas: nada es para siempre, todo pasa.

Atesora tus momentos hermosos, porque ellos son realmente la luz de la vida. Aunque duren solo un instante, ese instante es único.

La ayuda más poderosa está en nosotros mismos. Tenemos una capacidad inmensa de amar, de persistir, de entregarnos por completo. Y eso, con todo lo que somos —defectos y virtudes incluidos—, es lo verdaderamente valioso. No hay nadie igual a ti. Solo tú.

Escucha tu voz interior. Esa que te susurra que calmes la ansiedad, que ignores el egoísmo de otros, que no pierdas tiempo persiguiendo lo que no te nutre.

Esa voz está, y estará, siempre contigo. En esta vida... y en muchas otras.

Esa voz... es la voz de tu alma.

ESPIRITUALIDAD

¿Qué es la espiritualidad?

"Es la conexión entre tu alma y el Creador."

Creo que este tema ha sido una de las intrigas más profundas de mi vida, una especie de conflicto existencial que, en mi caso, representa el punto donde todo culmina. No importa quién seas ni de dónde vengas: es ahí, en ese espacio íntimo, donde verdaderamente nace o muere un ser.

Desde pequeña compartí la idea de que la religión era algo esencial en la vida de cualquier persona. La creencia en un Dios superior que nos mira desde algún lugar lejano fue algo que se sembró en mi mente desde muy temprano.

"Arriba vive Dios, acá abajo vivimos nosotros y más abajo está el infierno."

(Así repartía yo el espacio en mis tiempos de niñez.)

Cuando era niña, temía hacer cosas que me convirtieran en pecadora.

De joven, sabía que pecaba.

Y ya de adulta...

Fue entonces cuando surgieron las preguntas.

Miles de ellas.

Preguntas que, casi siempre, quedaron sin respuesta.

Me encontré enclaustrada en una doctrina impuesta por otros, por seres humanos como yo, que en algún momento decidieron qué debía escribirse y qué debía callarse en esos textos sagrados. Seres que definieron cómo debía vivirse la fe, cómo debía manifestarse la bondad, cómo se llegaba —o no— al cielo.

Siempre le pedí a Dios que pusiera su mano sobre mí. Le rogué ayuda. Supliqué por lo imposible. Le pregunté por una tregua. Esperaba, en silencio, una respuesta. Un susurro. Una señal de que me escuchaba.

Pero con el paso del tiempo, y a través de las pruebas que implica vivir en este plano terrenal, mi fe comenzó a tambalearse.

Mis creencias se vieron cuestionadas.

Estaba cansada.

Cansada de rogar una y otra vez y no recibir palabra alguna.

¿Cuántas veces le hablé con dolor?

¿Por qué me abandonas?

¿Acaso no soy digna de estar entre los tuyos?

Claro, somos humanos. Y en nuestra humanidad siempre buscamos un culpable. Alguien a quien responsabilizar para no tener que observar nuestros propios actos con honestidad. Para no tener que mirar hacia adentro y cuestionar nuestras decisiones.

Pero con el tiempo entendí que la verdad —o lo que se parece más a ella— no es necesariamente la que nos enseñaron, sino la que nace del corazón, del alma, de la experiencia misma.

Tal vez no fue Dios quien nos contó las cosas diferentes, sino que fue otro ser humano quien escribió en un papel lo que, según él, debíamos hacer para "ser buenos" y ganarnos un lugar en el reino de los cielos.

Y entonces me pregunté:

¿Hace falta repetir estrofas de un libro para estar en paz con Dios?

¿Hace falta cantar cánticos en una iglesia para que Él te escuche?

¿Hace falta depositar unas monedas en un canasto para librarse del pecado?

No.

Lo que hace falta, creo yo, es mirar hacia adentro: permitirte ver, entender y creer en ti mismo.

Hace falta encontrar la conexión más íntima, esa que une tu alma con la fuente: con el Creador.

Esta reflexión no es un rechazo a Dios. Porque sí creo en Él.

Creo que existe.

Y que está presente, observándonos, o al menos, esperando pacientemente a que despertemos.

Pero no está pendiente de cuántas cosas posees, o cuán importante te consideras.

No está midiendo si cumpliste todas tus metas materiales, si lograste el ascenso, si te compraste la casa de tus sueños.

No.

Porque nunca he leído en una lista de deseos cosas como:

"Quiero no tener cáncer."

"Deseo que el hijo de mi vecino se cure de leucemia."

"Quiero conservar mi lucidez para envejecer con dignidad."

Y sin embargo, eso es lo verdaderamente importante.

Estamos tan vacíos por dentro que a veces creemos que ir a misa los domingos y poner unos centavos en la canasta nos libra del pecado por siete días más.

Así fuimos criados.

Y así, muchas veces, hemos transmitido esa creencia a nuestros hijos.

A esos mismos hijos a los que confiamos el futuro de este mundo.

¿Pero cómo despejamos todas estas dudas?

¿Cómo respondemos tantas preguntas?

¿Cómo se llega a comprender algo más profundo?

¿Cómo se entiende al ser humano?

¿Quiénes somos?

¿De dónde venimos?

¿Y hacia dónde vamos?

Claro que no es fácil.

No es fácil desprenderse de la soberbia que traemos como coraza, esa que nos cubre y nos protege del mundo; que nos hace sentir invencibles, más inteligentes, más fuertes, infalibles.

Pero basta un instante, una grieta en la salud, una noticia inesperada para que toda esa armadura se derrumbe.

Basta una enfermedad para que perdamos toda valentía.

Toda arrogancia.

Toda coraza se hace polvo.

"Somos nada sin el alma. Absolutamente nada."

En el momento en que algo en nuestro cuerpo se quiebra, todo aquello en lo que creíamos tener el control se desvanece.

No hay arrogancia que te salve del miedo que se siente cuando algo te duele por dentro, cuando tu cuerpo te traiciona.

Y ahí, justo ahí, somos todos iguales.

No hay quien pueda predecir cuánto tiempo viviremos ni cómo lo haremos.

Sabemos, sí, que la mayoría vive alrededor de unos 80 años, hoy por hoy. Pero, ¿y después qué?

¿Se acaba así, de repente, como si nunca hubiésemos estado aquí?

¿Como si todo lo que acumulamos, soñamos, sufrimos o creamos se borrara con el último aliento?

Todo lo material, todo lo mundano, todo lo que tanto trabajo nos costó conseguir...

se desvanece en el instante en que ya no estás.

Nada puedes llevarte.

A nada puedes aferrarte.

No importa cuánto grites.

No importa cuánto llores.

Cuando el momento llega, te irás.

Ese será tu momento, el único que no podrás negociar ni retrasar.

¿Por qué?

Aún no lo tengo claro.

Pero creo que, de alguna forma, pronto lo entenderé.

¿Alguna vez te has preguntado qué es lo que te mueve?

¿Qué es eso que hace que sigas respirando?

¿Alguna vez pensaste por qué una persona entra en coma, y su cuerpo sigue ahí... pero ya no está viva de verdad?

No, no son tus piernas las que te mueven.

Tampoco es tu corazón el que, al latir, te da el verdadero impulso de la vida.

Es tu alma.

Sí, tu ALMA.

Esa presencia invisible, luminosa y frágil, que el Creador pone con amor infinito dentro de cada cuerpo humano.

Es ella la que te habita, la que siente, la que observa, la que se conecta.

Cuando el alma se va del cuerpo, el cuerpo yace inerte.

Podrá mantenerse con ayuda de máquinas, de medicamentos, de tecnología...

Pero estará vacío.

Sin alma, no hay vida verdadera.

Sin alma, no hay sentir, no hay conciencia, no hay esencia.

¿Dónde vive el alma?

Cuando la energía divina es entregada a un cuerpo, se dispersa en cada célula, como una chispa sagrada que lo transforma todo.

Es ahí cuando aparecen nuestros sentidos extraordinarios: el sentir, el ver, el amar...

Y entonces nos volvemos seres conscientes.

Humanos.

Humanos no por tener cuerpo, sino por la presencia de esa energía superior que nos permite razonar, discernir, emocionarnos y crear.

Pero, en este caminar, nos hemos olvidado de agradecer.

Nos hemos olvidado de nutrir nuestros sentidos con belleza, compasión y verdad.

Nos hemos olvidado de cuidar nuestra alma.

De alimentarla como ella necesita: con conexión, con silencio interior, con presencia, con fe sincera.

Esto no tiene que ver con religiones ni con credos.

No se trata de doctrinas.

En realidad, ¿a quién le importa si crees o no crees?

¿A quién le importa si llevas una vida buena o no?

¿A quién le importa si estás en paz, si sufres o si aprendes?

Solo a ti.

Sí, a ti.

Solo tú sabes cuánto anhela tu alma crecer.

Solo tú puedes despertar.

Solo tú puedes cambiar tu mundo interior.

Uno mismo es quien tiene el poder de elevar su vida.

De abrirse a otras dimensiones espirituales.

De empezar a creer en lo que realmente importa.

Nunca es tarde para comenzar.

Cada día es un principio y un final.

El final de lo que ya fue, y el principio de lo que puede ser.

Siempre hay una nueva oportunidad para enriquecer el alma.

Abre tus sentidos.

Permite que la luz entre en ti.

Así como se ha dicho por siglos en las escrituras sagradas:

"Deja que la luz entre."

Hoy comprendo que no era una metáfora poética.

Era literal.

Hay que dejarla entrar en uno mismo.

Y para eso... hay que creer.

Creer que estás vivo por tu alma.

Que tu alma es energía viva, la que habita tu cuerpo, la que responde a un universo maravilloso lleno de cosas que no puedes ver con los ojos físicos, pero que puedes sentir.

Cuando abres tus sentidos,

también se abrirán los ojos del alma.

Y entonces, descubrirás maravillas nunca antes imaginadas.

Comprenderás que tu existencia no termina con el cuerpo,

porque en ese plano infinito, la energía de tu alma vivirá para siempre.

Tu alma se volverá un ser luminoso, libre, donde no existen limitaciones humanas.

Allí, en ese plano, tu alma ya ha vivido... y volverá a vivir.

Entonces, ¿para qué sufrir?

¿Para qué llorar inconsolablemente y desperdiciar nuestros días arrastrando un manto oscuro que apaga nuestro brillo?

La vida se te ha dado para vivirla.

En vida.

No en agonía.

La luz del alma

No arrastres pesares que ya han ocurrido.

Resalta, cada día, lo que sí tienes.

Cada noche, da gracias por tu vida.

Y aprende de ella con cada nuevo amanecer.

Dedica, aunque sea un breve momento diario para conectarte con la madre naturaleza.

No solo recargarás tus baterías, también abrirás la puerta de tu alma.

Siente el aroma de la lluvia, el calor de los rayos del sol, la caricia del viento en tu rostro.

Aprecia lo que hoy tienes a tu alrededor.

Ve más allá de lo que tus ojos pueden ver.

Viaja con la mente y visita a tus seres queridos con el pensamiento.

Enciende una vela como muestra de gratitud.

Detente un minuto frente a tu ventana y pregúntate:

¿Qué es lo que realmente ves?

¿La casa del vecino? ¿O ves el cielo limpio y azul, adornado con nubes que flotan en el aire que respiras?

Háblale a los que ya no están.

Ellos te escuchan.

Comparte un buen consejo, ofrece una palabra de aliento, y no esperes nada a cambio.

Refuerza tus lazos con el Creador.

Presta atención a lo que tu alma verdaderamente necesita.

Escucha en silencio.

Ella te lo dirá.

Piensa un poco. No hace mal.

Hazte las preguntas que realmente importan:

¿Cuál es tu espiritualidad?

¿Crees en algo? ¿En qué exactamente?

¿Crees que existe el cielo?

Los minutos, las horas y los días son solo marcas creadas en este mundo terrenal.

Pero la realidad es que no hay un minuto especial, ni una hora ideal, ni un día señalado para valorar quiénes somos,

ni para recordar quiénes fuimos,

ni para imaginar quiénes volveremos a ser

cuando dejemos este plano y volvamos al infinito junto al Creador.

Sí, yo creo.

Yo creo que no estamos solos.

Creo que siempre somos guiados.

Y creo que nuestra alma es lo más bello que podemos poseer.

Es luz.

Es eternidad.

Mi cuerpo podrá morir...

pero no mi alma.

Gracias, de corazón, a quienes acompañan mi vivir.

A esos seres bellos, divinos, que me cuidan,

y que también velan por quienes amo.

Gracias también a todas las almas hermosas que he conocido.

Aquellas que me han dado la oportunidad de conocerlas y de aprender de su sabiduría.

Personas buenas, personas que dejan huella, personas que vale la pena agradecer.

Recuerda...

La espiritualidad no se refiere a religión ni a conceptos terrenales.

Espiritualidad es la conexión sagrada entre tú y el Creador, a través de tu alma.

EJERCICIO PERSONAL

¿Alguna vez has sentido que tu fe se tambalea cuando no encuentras respuestas claras a tus preguntas más profundas?

____

____

____

¿Te has detenido a pensar cuál es tu propia forma de vivir la espiritualidad, más allá de lo que te enseñaron?

____

____

____

¿Crees que hay una conexión entre tu alma y algo más grande, como el universo, la vida o el Creador?

____

____

____

¿Qué haces, en tu vida cotidiana, para cuidar tu alma o mantener viva esa conexión interior?

____

____

____

Contacto con mi Alma

He leído muchos artículos que aseguran que la meditación ayuda a entrar en contacto con el alma, a encontrar equilibrio y también a desarrollar esos otros sentidos que rara vez usamos. Hoy por hoy, vivimos una vida acelerada, corriendo de una actividad a otra, tratando de crear más tiempo —como si pudiéramos estirar el día a nuestro antojo— para completar las tareas que llenan nuestras agendas. Cada noche, la mayoría de nosotros llegamos a la cama todavía pensando, atrapados en un mar de ideas inconclusas, y así nos vence el sueño, sin haber logrado apagar ese zumbido mental que nos acompaña hasta quedarnos dormidos. Dormimos con la cabeza llena... y despertamos igual, para repetir el ciclo una vez más. Y entonces surge la pregunta: ¿por qué estamos siempre tan cansados?

Recuerdo escuchar a mi esposo decir que siempre sueña trabajando, y me sorprendía pensar: "increíble, nuestra mente no se detiene ni cuando dormimos". Ni siquiera en las fases más profundas del descanso, como el estado REM, donde los sueños son más intensos. Como pasamos por esta etapa varias veces durante la noche, no siempre recordamos lo que soñamos, pero eso no significa que no estemos procesando algo.

En mi caso, he tenido sueños que permanecen conmigo, sueños vívidos, lúcidos, que puedo recordar con claridad. Con el tiempo, aprendí a llamarlos "viajes astrales", no porque tenga la certeza absoluta de haber salido de mi cuerpo y volado a otros mundos, sino porque en ellos estoy consciente, y sé que estoy soñando. Pienso, observo, y siento que hay algo más allá de lo habitual.

Siempre creí que leer era agotador, y aún sostengo esa idea: leer me cansa. Pero, curiosamente, también lo he usado como herramienta. Cuando no tengo sueño, leer me ayuda a desconectar. Y si el libro es interesante, mucho mejor, porque mi mente se involucra con la historia y es como si comenzara a procesar ideas de otro modo, más relajado, más intuitivo.

Durante un tiempo estuve buscando formas de aprender a meditar. Quería lograr momentos de descanso profundo a voluntad, mejorar mi concentración y, por qué no, entrar en contacto con mi alma. Sentía —y sigo sintiendo— que, si pudiera lograr ese nivel de conexión, algunas respuestas llegarían por fin con claridad. Tal vez entonces entendería muchas de esas cosas que siempre me han causado preguntas sin respuesta.

Intenté meditar muchas veces. Incluso cuando tomé un curso intensivo de Reiki de ocho semanas, volví a intentarlo con más estructura. Aprendí muchas cosas; no eran totalmente nuevas, pero me recordaron que esa puerta interior ya estaba abierta dentro de mí, solo que dormida o distraída. Uno de los ejercicios más potentes era cerrar los ojos e imaginar una gran muralla blanca, inmensa, completamente vacía, que lo ocupaba todo. Era como una pizarra en blanco donde debía enfocar mi atención… pero ahí surgía el problema. En cuanto me concentraba en visualizar esa muralla, comenzaban a aparecer pensamientos —preocupaciones, ideas, pendientes— que flotaban como manchas sobre ese fondo blanco, y mi intento de meditación se convertía en una pared tapizada de interferencias.

Estoy segura de que más de uno sabe exactamente de qué estoy hablando.

La verdad es que no aprendí a meditar durante ese tiempo, aunque sí terminé toda mi instrucción en Reiki. Y comprendí algo fundamental: no hay una única manera de hacerlo. Como en casi todos los aspectos de la vida, existen múltiples caminos para alcanzar un mismo fin. Lo mismo ocurre con el Reiki: basta con la intención para canalizar energía y hacer el bien. No se trata de un método rígido, sino de una disposición interna.

También intenté aprender meditación a través de videos, pero no funcionó del todo bien… más de una vez me quedé dormida en medio de la práctica. Así pasaron los meses, buscaba y buscaba sin encontrar una forma que realmente me ayudara a meditar. Y, claro, muchas veces me pregunté si no estaría dejándome llevar por estas nuevas tendencias de sabiduría espiritual, tratando de aprender algo que, tal vez, no era necesario para vivir bien. Fue entonces cuando surgió la verdadera pregunta:

¿Por qué siento que tengo que aprender a meditar?

¿Qué es lo que realmente busco con la meditación?

¿Es acaso que deseo descubrir mi propósito de vida?

Creo que esa ha sido una de las preguntas más profundas y persistentes en mi interior: querer saber si estoy haciendo lo correcto. Desear, desde algún rincón del alma, que algo —o alguien— me confirme que voy por el camino adecuado, que estoy cumpliendo con esa misión que, de alguna manera, presiento que vine a cumplir. Pero ahí está el problema: nadie te dice si lo estás haciendo bien... ¿O sí?

Mentira. Sí hay alguien. Siempre está esa voz interna, ese yo interior que te habla, que te advierte, que te acompaña en el silencio. Esa vocecita que te susurra: "No lo hagas", o que te repite ideas dentro de tu mente hasta que las escuches. Entonces, yo te pregunto a ti: ¿quién es esa voz? ¿Qué o quién es realmente?

Durante mucho tiempo llegué a pensar que mi alma evitaba conectarse conmigo, quizás para no comprometerse con el aluvión de preguntas que yo tenía para ella. Pero la verdad es que no puedo precisar cuándo ocurrió exactamente —no importa— lo que sí sé es que, en algún punto, las respuestas comenzaron a llegar.

Y comprendí algo crucial: no hay que salir a buscar afuera. Lo esencial está dentro. Hay que aprender a mirar hacia adentro, a organizar ese universo interno que habita entre la conciencia y la mente, y comenzar a escuchar desde ahí.

Cuando lo haces, te das cuenta de que esa vocecita ha estado siempre. Que sí hay un diálogo constante contigo misma, solo que a veces lo ignoras o lo cubres con ruido. También puedes encontrar sentimientos que ya no merecen ocupar espacio: enojos, angustias, celos, miedos... emociones que solo agotan y bajan tu vibración. Pero también aparecen tesoros: recuerdos hermosos, casi olvidados, que, al traerlos de vuelta, te elevan.

Cuando hablo de "organización", me refiero a eso: ordenar tu mundo interno. Y sí, es posible. Algunos recordarán mi escrito "El Clóset", basado en los recuerdos y tormentos que acosaban a su protagonista. Y me pregunto, ¿valía realmente la pena tanto sufrimiento? ¡Claro que no! La vida es corta, y siempre habrá alguien diciéndote cómo vivirla, qué hacer, a dónde ir... e incluso cómo conectar con tu alma. Pero piensa: no es necesario que nadie te diga cómo hacerlo. Si estás viva, es porque tu alma sigue contigo.

Recuerdo uno de esos sueños que yo llamo "viajes astrales". Lo que más me impactó fue la intensidad de los colores. Tonos imposibles de describir: morados y azules brillantes, con una profundidad que no existe aquí, colores que no pertenecen a este mundo. Fue tan vívido y claro que, desde ese momento, algo cambió en mí. Comencé a experimentar lo que solo puedo describir como una puerta que se abrió.

A partir de entonces, esa conexión con mi alma se hizo más tangible. Puedo buscarla a voluntad. Aunque, curiosamente, se da con más facilidad en la quietud de la noche, cuando me despierto entre sueños. Es en esos momentos cuando todo parece estar en silencio... y lo invisible se vuelve cercano.

Cierro los ojos suavemente, y dentro de mi vasta oscuridad comienzo a mirar, con los ojos cerrados, de lado a lado, en busca de un pequeño punto de luz. Al principio toma tiempo, pero con los días se vuelve más fácil. Dirijo mi atención hacia las esquinas más lejanas al centro, y muchas veces es allí donde lo encuentro. Apenas aparece ese pequeño destello, fijo la vista en él... y entonces comienza la magia.

Poco a poco, veo cómo su tamaño cambia. Comienza a crecer, a expandirse, y sus bordes se disuelven suavemente, como si estuviera hecha de luz líquida en constante movimiento. Es como observar a una gota de tinta expandiéndose en el agua: vibrante, fluida, imposible de detener. En ese instante, atrapada y maravillada, contemplo cómo ese color indescriptible se despliega ante mi visión. Es ahí cuando el tiempo deja de existir, y la conexión se establece.

Ha habido veces en que el tono de azul ha sido tan especial, tan profundamente vibrante, que entiendo por qué ese color me representa tanto. Sin embargo, también he visto tonos morados igualmente poderosos, que aparecen con más frecuencia. El morado es como una constante en estas experiencias.

Cuando esta gran pantalla imaginaria —ese lienzo interior— ya se ha cubierto casi por completo con estos colores, comienzan a aparecer imágenes. Escenas. Como si una película comenzara a proyectarse. A veces no reconozco lo que estoy viendo; otras veces, siento una conexión profunda con lo que se muestra. En algunas ocasiones, justo en ese instante, dejo de tener conciencia... suelto el control, me dejo llevar por el sueño, y mi cuerpo físico se rinde con suavidad, permitiéndome adentrarme en el mundo astral.

Lo curioso es que, al día siguiente, puedo despertar con la certeza de haber vivido uno de estos "sueños". Recuerdo hasta los más mínimos detalles, y eso me apasiona, porque se siente como haber viajado a otro plano. Puedo recordar las sensaciones, los aromas... incluso el roce de la brisa en mi piel.

Así fue como un día comprendí que siempre había tenido este tipo de sueños. Desde muy niña, despertaba con una necesidad casi urgente de contar lo que había soñado. Me ponía a hablar por largo rato, como ocurrió una vez que aún recuerdo con claridad.

Debía tener unos quince años, y mi hermana cerca de doce. Vivíamos en una ciudad pequeña, en tiempos difíciles, muy difíciles. Recuerdo que desperté con un sueño tan vívido que no pude callarlo. Comencé a contárselo a mi hermana y no paré... hablé sin cesar durante casi dos horas. Lo sé porque mi madre vino a llamarnos para el desayuno, pero no bajamos; yo seguía hablando y describiendo todo. Luego volvió y nos dijo que ya eran las doce del mediodía.

En ese sueño, una de las cosas más confusas fue ver a una pequeña niña, hermosa... pero su imagen cambiaba. A ratos la veía más grande, y en otros momentos, parecía un bebé. Era desconcertante. Por ejemplo, entraba a una habitación y la encontraba jugando. Salía... y la volvía a ver dormida en un cochecito. Había una celebración, varias personas presentes, pero no podía descifrar de qué se trataba. No sabía quién era esa niña, ni cuál era su relación conmigo. Como en casi todos mis sueños, yo estaba allí como una espectadora silenciosa.

Definitivamente, los sueños han estado siempre conmigo. Y tuvieron que pasar muchos años para comprender que todo está en uno mismo. Las respuestas a nuestras interrogantes no están fuera, sino dentro. Nacemos con todo ya determinado: el alma lo sabe. Y es nuestro deseo de vivir y experimentar lo que da forma a nuestra historia.

Lo que tengo más claro hoy es que, no importa hacia dónde busques, ya sea hacia lo alto, hacia lo místico, hacia lo externo, si sigues el camino con honestidad, lo más seguro es que ese viaje... te lleve, inevitablemente, a ti misma.

Y pasaron los años. Hasta que un día, en medio de una conversación casual con mi hermana, ella recordó aquel sueño, y en ese instante sentí ese "clic" interno, ese momento de reconocimiento tan claro que solo puede venir del alma.

Estábamos en lo que era mi despedida: en mi casa, con mis dos hijas pequeñas. Una de casi cuatro años, que jugaba en su habitación, y la otra, de poco más de un año, dormía tranquilamente en el cochecito junto a mí. Por aquellos tiempos yo solía vestirlas iguales, con la misma ropita para ambas... y de pronto, todo el sueño cobraba sentido: la fiesta, la casa, la gente, incluso las escenas en las que veía a una pequeña cambiando de edad ante mis ojos. En su momento no entendía nada, pero en aquel presente todo encajó.

Había tenido un sueño premonitorio, uno de esos viajes del alma en los que había visto, sin saberlo, cómo una etapa de mi vida se cerraba. Ese día era una despedida real, no simbólica. A los pocos días emigré al país que hoy es mi hogar.

¿Hubo más cosas importantes en ese sueño? Sí, muchas. Detalles de al menos ocho años de mi vida. Momentos especiales, imágenes y sensaciones que fui recordando en el instante exacto en que ocurrieron, o cuando alguien decía algo que me hacía regresar mentalmente a aquel viaje onírico.

Entonces, si vuelvo a preguntarme por qué he dedicado tanto tiempo de mi vida a buscar respuestas, creo que hoy puedo responder con seguridad: todos tenemos un camino de búsqueda personal, y este termina cuando finalmente aprendemos lo que nuestra alma vino a experimentar.

¿Qué he venido yo a aprender?

Que el amor está dentro de uno mismo, y que la capacidad de sobreponerse a cualquier adversidad también lo está. Que no hace falta tener dinero para sentir que se ha triunfado, porque la tranquilidad espiritual no se compra, se cultiva. Que el futuro se construye caminando un día a la vez. Y que lo más importante de todo: en uno está toda la capacidad de crear cualquier realidad. Mientras estemos aquí, respirando, nuestra *alma* seguirá conectada a nuestro cuerpo. Siempre. No lo olvides.

¿Y cuál es mi propósito de vida?

Creo que es difundir la experiencia de la crisis existencial, tender la mano a quienes, como yo, han enfrentado momentos oscuros. A quienes les ha costado avanzar, a los que han vivido sumidos en la depresión, o sintiéndose aislados por un entorno que no los comprende. Quiero acompañar con mis palabras, con mi historia, con mis silencios. Compartir lo que durante tantos años he estado buscando, y que ahora puedo decir, con paz en el alma, que he encontrado.

Sobreviví a la muerte. Y me hice amiga de ella. Hoy no la veo como una escapatoria a los problemas, sino como la puerta que se abrirá hacia otra vida. Una mejor. (No hace daño creerlo...)

Si hubiera algo que pudiera darte hoy, sería un poco de la paz espiritual que ahora me acompaña, esa paz que tanto me costó conquistar, y que hoy, por fin habita en mí. Sé muy bien lo que se siente no encontrar la salida, sentir que todo oprime, que el peso del mundo está sobre ti. Sé que es difícil decirle a tu mente que todo va a mejorar... pero va a mejorar.

Porque así es la vida. Nada permanece igual. Todo se mueve. Todo cambia. Crecemos, envejecemos, y algún día dejamos esta vida terrenal. Incluso el dolor más profundo, con el tiempo, se calma. Nada es para siempre.

Somos seres maravillosos, portadores de una chispa divina que nos conecta con el universo.

Y esa chispa... es nuestra alma.

EJERCICIO PERSONAL

¿Alguna vez sentiste que tu alma quería decirte algo... pero no supiste cómo escucharla?

¿Qué haces cuando necesitas encontrar un momento de paz para ti?

¿Hay algún sueño que hayas tenido y que todavía hoy recuerdes con claridad?

Si te detienes a mirar hacia dentro... ¿qué estás necesitando en este momento?

Señales de Amor

¿Por qué nos cuesta tanto aceptar como real aquello que no conocemos?
¿Por qué el miedo ante lo desconocido paraliza nuestras seguridades? ¿Será temor a lo que no nos han explicado, o miedo a no saber cómo enfrentarlo? Me lo he preguntado durante años.

Desde tiempos inmemoriales se han narrado historias de espíritus: mayormente siniestros, espectros que atormentan, que se llevan almas. Casi nunca se habló de que los espíritus pudieran ser bondadosos —los ángeles—. Decían que algunos espíritus no habían podido cruzar al cielo y, por eso, vagaban sin descanso, atrapados entre dos mundos.

Creo que, después de mucho naufragar entre religiones y creencias, logré rescatar algunas cualidades de lo uno y de lo otro, y las integré en mi propio libro de ideas. En él voy aprendiendo y expandiéndome cada día, buscando así vivir mejor.

Ya hace un tiempo que reconocí que soy diferente. Todos somos distintos, sí, pero me refiero a algo fuera de lo común.

Algunos llaman a estas personas "trabajadores de la luz", otros las clasifican como "niños azules" o "niños cristal".

Sea como sea, una gran parte de la población está descubriendo que hay personas con un don especial. Personalmente, creo que más que un don, es una función dentro de nuestra comunidad. Lo que nos caracteriza es la capacidad de amar: no en el sentido romántico entre dos personas, sino como un acto universal de respeto hacia la vida, el entorno y el ser que nos creó.

Si bien es cierto, he tenido al menos tres personas (ninguna relacionada entre sí) que me han dicho que nací con la cualidad de sanar, no como doctora, porque no lo soy, sino como sanadora espiritual: alguien que ayuda a otro en momentos de necesidad, dolor o confusión. Es algo un poco confuso, incluso para mí. La primera vez que alguien me lo dijo, sentí ganas de reír: *¿De qué habla esta mujer?*, me pregunté internamente.

Yo creo que soy quien necesita sanación del alma. Pero lo dejé pasar y no le di importancia mientras seguía en mi búsqueda por un propósito de vida, evitando que esa frase se convirtiera en algo cliché —como decía mi padre: "en busca de la luz, la que aún no encuentro"—. Aun así, comencé a notar cosas que, como mencioné antes, no eran del todo comunes.

Siempre he soñado, de la misma manera que muchos lo hacemos, pero mis sueños van más allá de lo común. Hay sueños premonitorios —aquellos que parecen revelar sucesos que aún no ocurren, pero que se materializan con el tiempo—. También tengo sueños especiales, que yo llamo "viajes astrales": me trasladan a lugares desconocidos, me muestran imágenes y rostros de personas distintas a las que veo a diario. Apenas hablo de ellos, porque no me siento lista para explicarlos, pero son fascinantes; en esos momentos percibo realidades que escapan al ojo físico y al entendimiento lógico.

Además, tengo otras experiencias: sentidos que me conectan con energías —las buenas y las difíciles—, la sensación de presencia espiritual a través de aromas inesperados, mensajes que llegan sin intermediarios, diálogos en silencio con seres que otros no perciben. A lo largo de los años, estas vivencias me hicieron consciente de que soy diferente. Quizás no como para ser considerada una sanadora —tal como otras personas sugirieron—, pero sí para reconocer la posibilidad de tener alguna habilidad especial.

Y lo más interesante es que, desde muy joven, he sentido una profunda conexión con las plantas: hierbas, flores, árboles... ellas han sido compañía constante en mi vida. En los últimos años, al intentar juntar las piezas de este rompecabezas interior, sucedió algo inesperado que me dio una pista clara: un evento simple pero poderoso, que me hizo comprender que esta conexión no era casual, sino un mensaje cargado de significado.

Me di cuenta de que algo había estado ocurriendo desde hacía tiempo, y que ya no podía seguir llamándolo casualidad. Cada vez que pedía claridad, consejo o clamaba por una señal —esperando, en mi ingenuidad, que algo casi milagroso se me presentara por escrito o con absoluta claridad, pero nada parecía ocurrir. Me frustraba no poder alcanzar el nivel de concentración necesario para meditar como muchos recomiendan, pero curiosamente fue justo lo contrario a la meditación lo que me llevó a una comprensión mucho más profunda.

Un día, caminando por la arena, en la orilla de la playa, después de vivir uno de esos días que parecen hechos para ponerte a prueba —tan complicado que sentía que no me repondría jamás—, sucedió algo especial. El clima estaba gélido, típico del invierno. No había gaviotas sobrevolando, y la brisa se había vuelto casi violenta, un viento agitado que golpeaba el rostro como si también él quisiera sacudir mi interior. Aquel día era gris, y no solo en el cielo: yo también me sentía así por dentro. Las lágrimas corrían por mis mejillas sin que hiciera esfuerzo alguno por detenerlas, como si mi alma se desbordara con ellas.

Sin embargo, caminar cerca del mar siempre me ha reconfortado; es una forma de limpieza profunda, como si la naturaleza tuviera la capacidad de barrer el ruido interior, despejar la mente y liberar el corazón. Mientras avanzaba, con la mirada baja y la mente cargada de pensamientos, algo llamó mi atención. Allí, sobre la arena húmeda y batida por el viento, vi una pluma blanca.

Sí, una pluma en la playa no es un hallazgo extraordinario. Podría parecer algo común, incluso esperado, pero ese día no había aves a la vista, y las condiciones no eran precisamente amables para que una pluma permaneciera allí sin ser arrastrada. Me pareció inusual que no se la llevara el viento; se resistía, como si estuviera anclada a la superficie por una fuerza invisible. Me agaché para recogerla, casi por instinto, y fue entonces cuando vi algo más: un poco más adelante, semienterrada en la arena, había una piedra. Pero no cualquier piedra: tenía la forma exacta de un corazón.

La forma era tan clara y tan precisa, que me detuve en seco. Sentí que todo a mi alrededor se silenciaba. Aquella piedra, posicionada justo en mi camino, parecía imposible de ignorar. La miré fijamente, casi sin parpadear, como si el tiempo se hubiera detenido por completo. Y entonces algo sucedió... fue como si alguien encendiera una luz en medio de mi oscuridad. Una sensación cálida, reveladora, una certeza que no venía de la razón, sino del alma: estaba recibiendo una señal. Entonces comprendí que esas señales no aparecen para convencernos con pruebas, sino para enseñarnos a mirar con el corazón abierto.

Estuve quieta un par de minutos, contemplando aquel corazón que parecía haber sido colocado allí especialmente para mí. Con la pluma blanca aún en la mano, recordé que tenía una serie de fotografías de ocasiones anteriores en las que, casi sin proponérmelo, había capturado imágenes de piedras con formas de corazón. Algunas eran más evidentes que otras, y según el ángulo del sol o la textura de la roca, a veces era solo una sugerencia... pero siempre lo veía. Siempre lo sentía.

En ese instante, todo cobró sentido de una manera nueva y profunda. Fue como si todas esas imágenes anteriores se unieran entre sí, formando una secuencia que me llevaba a una conclusión que no podía seguir ignorando. Definitivamente, no era casualidad. Lo entendí con total claridad: esos corazones estaban allí para mí, para mis ojos, para mi alma. Eran señales, regalos delicadamente colocados por una presencia amorosa, invisible pero constante, como si alguien desde otro plano quisiera recordarme que nunca estoy sola. Ese día tuve la certeza de que las señales de amor han estado a mi alrededor, esperando a que yo aprendiera a reconocerlas.

Seguí caminando por la playa solitaria, y mientras lo hacía, noté cómo el clima comenzaba a transformarse. El viento se fue apaciguando, como si la naturaleza entera se hubiera enternecido. El mar, que antes rugía con furia, ahora se mecía suavemente, en una calma que parecía susurrar consuelo. El cielo seguía gris, pero ya no importaba; la luz que ahora brillaba venía desde dentro.

Aquel día, mientras meditaba en silencio y caminaba sin rumbo fijo, logré visualizar y fotografiar más de diez corazones en la arena, entre las piedras, tallados por el agua y el tiempo. ¡Más de diez! Me sentía profundamente feliz. No recogí todos esos corazones; no quise. Había una belleza sublime en ver cómo las suaves olas los acariciaban y les dejaban un brillo irrepetible. Pensé: ¿Para qué llevármelos si puedo recordarlos así, tan vivos y perfectos como los vi?

Desde aquel día, la forma de corazón en piedras, rocas o reflejos se volvió algo común en mi vida. Ya no salto de emoción como lo hacía al principio —aunque mi corazón sí lo hace—, pero cada vez que veo uno, me invade una certeza silenciosa, una afirmación profunda de que hay mucho más de lo que nuestros ojos pueden ver.

Hay ángeles, hay guías, hay seres de luz que se comunican con nosotros de formas sutiles pero poderosas. Y esas señales de amor —tan simples y a la vez tan milagrosas— son pequeñas ventanas al infinito. Nos recuerdan que, incluso en los días más grises, la vida está llena de maravillas. Pero verlas no depende del azar, sino de permitirnos creer, de abrir los sentidos y el alma para recibirlas.

Ejercicio Personal

¿Has vivido alguna experiencia en la que hayas sentido una "señal" o mensaje especial sin saber por qué?

____

____

____

Al leer sobre la pluma y los corazones en la playa, ¿qué emociones o recuerdos afloraron en ti?

____

____

____

¿Crees que hay momentos en tu vida en los que el universo te habla de manera sutil?

____

____

____

Si pudieras compartir esta reflexión con alguien cercano, ¿qué le preguntaría?

____

____

____

El Arte de Confiar en Ti

"No sé por qué cada vez que tengo la intención de contarle a alguien lo que me pasa, algo ocurre: el teléfono suena, llaman a la puerta, o sucede cualquier cosa distinta. Entonces pienso: ¿Será que es mejor que me quede callada? Es como si mi instinto me dijera: Esta es la señal, no digas nada."

Pero, a veces, necesito hablar con alguien, contar lo que siento. Escuchar y ayudar a otros me resulta natural, pero escucharme y ayudarme a mí misma... eso es otra historia. Será que mi mente es demasiado inquieta, definitivamente muy pero muy inquieta. Mis pensamientos viajan más rápido que la luz, y no exagero.

Les daré un ejemplo: cuando me enfrento a una situación complicada, en cuestión de segundos puedo imaginar todos los escenarios posibles que podrían derivar de ella, incluso antes de que la situación se haya terminado de plantear. Así es mi mente: tiene vida propia, y yo soy apenas la narradora de sus pensamientos. Y muchas veces, ni siquiera me permite compartirlos; prefiere guardarlos, convencida de que nadie los entendería, así que los mantiene en secreto.

Me he preguntado si a ustedes les pasa algo parecido. Cuando algo ocurre de imprevisto y cambia por completo tus planes, ¿creen que es algo predestinado o simplemente un hecho fortuito?

En mi caso, "ya no creo en las cosas que pasan porque sí". Sin mezclar supersticiones —pues no creo que tenga relación—, he aprendido a estar más atenta. Los cambios que he vivido han modificado mis intereses y mi forma de mirar el mundo. Hoy observo todo con más detenimiento: no solo algunos aspectos, sino cada detalle, ya sea un hecho cotidiano o un evento importante. Creo que esa atención consciente es clave, y que, lamentablemente, es una de las grandes carencias en la vida de muchas personas.

Desde hace ya unos cinco años comenzó un cambio profundo en mí. Ha sido un camino lento, pero seguro, en el que he ido aprendiendo cosas nuevas, casi sin darme cuenta. Entre esos aprendizajes, la intuición comenzó a manifestarse con una fuerza que nunca antes había sentido.

Uno de los primeros indicios fueron los lápices. Empecé a encontrarlos en el suelo, en los lugares más cotidianos: la acera frente a casa, el pasillo de una tienda, el estacionamiento donde siempre dejaba el auto... A veces llegaba a recoger hasta cinco en un solo día. Al principio no le di importancia; me parecía una simple coincidencia. Pero, con el tiempo, comprendí que no era casualidad. Era un mensaje. Y cuando finalmente acepté esa señal —cuando la entendí y la interioricé—, los lápices dejaron de aparecer.

Después llegaron los pájaros. Un día, de forma repentina, noté que podía escucharlos con una claridad inusual. Sus cantos eran nítidos, como si el sonido viajara directo hacia mí. Era imposible no sentir que aquello tenía un propósito, era otra manera de llamar mi atención. Pasaron los meses y mi relación con la naturaleza creció de forma impresionante. Caminar entre árboles y dejarme envolver por el trinar de las aves se convirtió en un bálsamo para mi espíritu. Cada vez que una de ellas se acercaba, sentía que era un contacto especial... aunque todavía no podía definir de qué se trataba.

Luego vinieron otros cambios, igual de curiosos. Las flores en casa comenzaron a durar más de lo habitual; un ramo podía mantenerse fresco durante un mes entero, e incluso seguir floreciendo. También aparecieron los orbes de luz, que iluminaban rincones de mi vida de maneras que aún hoy me cuesta explicar. A eso se sumaron los "regalos de corazones": formas perfectas que encontraba en piedras, hojas, nubes o incluso pequeñas manchas, como si alguien quisiera recordarme, una y otra vez, que el amor está en todas partes.

Todo esto hizo que mi intuición se mantuviera en alerta constante, siempre atenta, incluso mientras dormía. Mis sueños comenzaron a transformarse en verdaderas travesías, como si fueran otra vía para enviarme mensajes y enseñanzas.

Entonces, surge una gran pregunta: ¿Qué es realmente la intuición y para qué sirve?

Para mí, la intuición —no solo la femenina, sino la que todos poseemos— es esa voz interior que habita en la parte más delicada y pura de nuestro ser: nuestra alma.

Y entonces surge otra pregunta más: ¿Para qué sirve?

Cuando decides abrirle la puerta, cuando dejas que florezca dentro de ti, la intuición se convierte en una guía silenciosa pero constante. Te orienta en momentos simples y en situaciones complejas; te acompaña en lo cotidiano y en lo trascendental. Es como un faro que ilumina tu camino incluso en medio de la niebla.

En esencia, es esa "vocecita" interna que busca tu crecimiento: que aprendas más, que comprendas mejor, que puedas ver más allá de lo evidente. No se trata solo de tomar decisiones, sino de entender la vida desde una perspectiva más amplia, menos rígida, más consciente.

La intuición no depende de religiones ni dogmas. Es algo mucho más profundo, porque nace de tu ser esencial, de esa parte inmortal que ha viajado a través del tiempo y cuyo propósito es aprender el significado más profundo de la existencia. Esa alma —la tuya, la mía, la de todos— es portadora del amor en su forma más pura y, cuando la escuchas, es capaz de susurrarte respuestas que a veces se sienten como milagros.

Seguro alguna vez has dicho: "Qué suerte que hice aquello" o "Menos mal que no fui por ahí". Ese no fue azar. Fue tu intuición actuando, cuidándote, guiándote, protegiéndote de algo o acercándote a lo que sí necesitabas vivir.

Y lo mejor de todo es que puedes ponerla a prueba. Cuando tengas una duda o no sepas qué camino tomar, haz una pausa y pregúntate: "Ayúdame a decidir qué hacer... dame una señal". No lances tu pregunta al vacío, confía en que, si prestas atención, esa señal llegará. Puede ser algo sutil o algo que no puedas ignorar, pero siempre tendrá un matiz especial que la hará reconocible para ti.

El otro día tenía una pregunta… bueno, yo siempre estoy llena de preguntas, pero he aprendido a no lanzarlas todas al universo y, en cambio, dejar que las respuestas fluyan cuando sea el momento. Sin embargo, aquella pregunta era diferente: delicada, importante, de esas que parecen necesitar una confirmación clara. Así que elevé mi pensamiento, pedí una señal —una que no me dejara espacio a dudas— y seguí con mi día.

Salí de casa y recorrí varios lugares haciendo diligencias. Cuando finalmente terminé y me subí a la camioneta para regresar, mientras giraba la llave en la ignición, algo llamó mi atención: sobre el limpiaparabrisas se había posado una libélula. Era hermosa, con esas alas translúcidas que atrapaban la luz, como si guardaran destellos de otro mundo. No me sorprendió demasiado al principio; estábamos en verano, y es común verlas sobrevolando jardines. Pero entonces, algo inusual sucedió.

En lugar de marcharse, la libélula comenzó a sobrevolar mi vehículo, acompañándome desde el estacionamiento hasta la primera luz del semáforo. La seguí con la mirada, intrigada. La luz cambió a verde, avancé… y la perdí de vista. O al menos eso pensé. En el siguiente semáforo, volvió a aparecer, esta vez posándose sobre el capó, aferrándose con delicadeza pero con una firmeza sorprendente, como si no quisiera dejarme ir.

Avancé otra cuadra y, cuando me detuve, la vi acomodarse en la antena, como si ese fuera su asiento reservado para el resto del viaje. Así continuamos, juntas, hasta llegar a casa. Y allí, tan de pronto como había llegado, se marchó.

No pude ignorarlo. Sentí dentro de mí que era la respuesta que había pedido, pero aun así no estaba segura si era un "sí" o un "no". Por eso, decidí buscar su significado. Descubrí que la libélula, en muchas culturas, simboliza el cambio profundo, la transformación que surge de la madurez emocional y mental, y la comprensión de lo esencial en la vida.

Entonces lo entendí: la respuesta era un "sí", pero no un "sí" cualquiera. Era una invitación a confiar en que el cambio trae consigo crecimiento, a no temer la transformación, y sobre todo, a creer que tengo las herramientas —dentro de mí— para atravesar cualquier transición.

A veces, uno debe ser más intuitivo y escuchar esa sensación que nace desde lo más hondo, esa voz que, en silencio, nos advierte o nos guía. Sin embargo, muchas veces la ignoramos. Buscamos otras respuestas que respalden nuestras acciones, incluso cuando, en el fondo, ya sabemos que no son las correctas. Así es como la vida nos enseña: tropezando, rectificando, aprendiendo.

Reconozco que una de mis mayores debilidades ha sido la falta de confianza en mí misma. Curiosamente, mi intuición ha sido una de mis herramientas más fuertes, pero no siempre he sabido acompañarla con la certeza de que puedo. He tenido sueños grandes, algunos que parecían imposibles, y sé —muy dentro de mí— que podrían cumplirse con éxito... si tan solo creyera más en mí.

Este es el verdadero arte de confiar en ti:

Creer que tu intuición no es un capricho, sino un lenguaje sagrado de tu alma.

Saber que el cambio, aunque a veces duela, te empuja hacia tu mejor versión.

Recordar que cada señal es un recordatorio de que no caminas sola.

Y, sobre todo, entender que la conexión entre tu alma y tu ser es el motor que da sentido a todo.

Aprender a unir ambas es aceptar que tu esencia sabe más que tu miedo.

Hoy camino con más calma, escuchando con atención, observando lo que antes habría pasado inadvertido. No siempre es fácil, pero cada vez que me permito confiar en mí, me acerco un paso más a esa unión perfecta:

La de vivir con los pies en la tierra y el alma en el cielo.

EJERCICIO PERSONAL

¿Te ha pasado que tu intuición te advierta algo y luego compruebes que estaba en lo cierto?

____

____

____

¿Qué señales recuerdas haber recibido en tu vida que hayan marcado un cambio importante para ti?

____

____

____

¿Confías más en lo que sientes o en lo que piensas al tomar decisiones importantes?

____

____

____

¿Qué crees que podrías hacer para escuchar más a tu intuición y confiar más en ti mismo(a)?

____

____

____

Entre lo Divino y lo Terrenal

Hay tantos títulos en las repisas de las grandes librerías, que necesitaríamos años para leer aunque sea una parte de ellos. No obstante, solo algunos logran destacarse como una lectura valiosa, con un contenido que realmente emociona.

Desde que nació este nuevo movimiento, por allá en los años setenta, la cantidad de información relacionada con estos conceptos ha crecido enormemente. Pero la pregunta más importante sería: ¿se necesitaba un cambio en los contextos de las religiones existentes? O, ¿era tan grande la necesidad de explorar otras facetas de nuestra naturaleza que nos permitiera ampliar nuestros horizontes en cuanto a creencias?

Personalmente, nunca he podido confinarme a un pensamiento reducido o restringido por reglas impuestas por otros seres humanos como yo. En otras palabras, me gusta ser libre en cuanto a mis creencias y sin límites en mis pensamientos. De esta forma, sé que estaré dejando la puerta abierta a cualquier cosa que pueda ocurrir, para poder evaluarla con mis propios conocimientos y experiencias. Creo que todos deberíamos usar más nuestros propios sentidos para evaluar nuestra vida y la forma en la que la vivimos.

Si elegimos alguno de los títulos más vendidos en esta categoría —"*new age*" o Nueva Era, como se le conoce en español— encontraremos que los temas más recurrentes giran en torno a cómo ser feliz, cómo aprender a tener control sobre nuestros pensamientos para atraer cosas buenas, cómo conocernos para descubrir la enorme capacidad que guardamos en nuestro interior. En resumen, son libros que nos invitan a redescubrirnos y, en ese proceso, nos exponen a una realidad más amplia, más tangible, donde podemos buscar nuestras propias respuestas a las preguntas que nos han acompañado durante años.

Yo ya había tocado este punto en varios de mis escritos: "depende de ti cambiar tu vida". Creo que lo aprendí a fuerza de contradicciones, con tropiezos y aciertos, hasta comprender —no sin resistencia— que el cambio comienza en la forma en que enfrentamos las situaciones que la vida nos presenta. Depende de uno crear memorias positivas, de uno decidir no guardar resentimiento, odio o rencor; no maldecir, criticar o invocar sentimientos que nos hieren más de lo que imaginamos. En ese momento es cuando todos estos nuevos conceptos espirituales entran en juego, afectando de forma directa nuestra existencia.

Una verdad innegable es que tenemos capacidades inmensas dentro de nuestro ser. Hay personas que, sin importar las dificultades, persisten hasta lograr aquello que desean. Algunas lo alcanzan a través del sacrificio y la constancia; otras, con estudio, disciplina, fe o fuerza interior. Llámalo como quieras: al final, es ese poder que todos llevamos dentro. Poseemos la misma capacidad para amar, para odiar o para alcanzar nuestros sueños. La diferencia está en qué y cuánto estamos dispuestos a hacer para conseguirlo. Y es importante recordar que nada llega sin que antes actuemos; es la ley universal de la atracción, que nos recuerda que lo que damos al mundo es, tarde o temprano, lo que regresa a nosotros.

He leído muchos libros, no solo los que alcanzan altos niveles de ventas, sino también aquellos que ni siquiera han sido publicados y que permanecen en plataformas gratuitas, escritos por autores que sueñan con ver su obra impresa. Aunque muchos comparten la misma idea principal, cada uno plasma sus pensamientos con un toque personal, y eso es lo más lógico: somos todos diferentes y, al mismo tiempo, profundamente parecidos.

Pero si ya existe tanta gente dispuesta a entender que nosotros, como seres humanos, somos la creación más compleja e increíble que pueda existir sobre la faz del universo, y que poseemos virtudes extraordinarias, ¿por qué aún nos resulta tan difícil alcanzar la felicidad? ¿Por qué nos cuesta aceptar que la muerte no es un final absoluto, sino una transición entre este mundo y el cielo? ¿Por qué dudamos de ese sentimiento interno que, invariablemente, nos susurra lo correcto? Tal vez sea porque no nos abrimos por completo a comprender de qué estamos hechos y cuál es nuestra verdadera naturaleza.

Es obvio que no puedo dar una respuesta universal a todo esto —aunque podría inventar teorías y consejos— y, probablemente, algunos encontrarían consuelo en ellos. Sin embargo, nunca he tenido la intención de implantar ideas en nadie. Todo lo contrario: mi propósito siempre ha sido invitarte a que seas tú quien vaya despejando y entendiendo tu propio ser. Que te atrevas a experimentar con acciones y reacciones, que pongas a prueba tu conciencia y que descubras que todo lo que puedas desear ya vive dentro de ti. Lo que sí puedo hacer es compartir mis experiencias, esperando que despierten en ti la curiosidad por comprobar si esas reacciones y descubrimientos podrían también repetirse en tu vida.

Una de mis mayores debilidades durante mis veintes y treintas fue mi incapacidad para conformarme. No había nada que me detuviera: si algo no salía como yo lo había planeado, o como creía que "debía ser", me lanzaba de inmediato a buscar una solución por mis propios medios. No importaba cuánta energía tuviera que invertir; lo único que contaba era alcanzar el resultado que mi mente había decidido.

Con el tiempo, comprendí que esa energía que nuestro ser produce, cuando es mal administrada, puede convertirse en una fuerza sumamente desgastadora. Es capaz de drenar el ánimo, debilitar el cuerpo y oscurecer la mente, hasta provocar daños emocionales incalculables. En mi caso, esa insistencia me llevó, sin darme cuenta, a rozar los bordes de la depresión crónica.

Fue una etapa difícil, densa, en la que llegué a pensar que mi vida entera dependía exclusivamente de lo que yo hiciera o dejara de hacer. En cierto sentido, era verdad: nuestras decisiones influyen en nuestro futuro. Pero mi concepto estaba distorsionado. No entendía que, si bien es importante actuar, también es vital saber cuándo soltar. La vida no es solo una carrera de esfuerzo constante; también es un delicado equilibrio entre acción y fe, entre avanzar y permitir que las cosas fluyan.

Un día, agotada al máximo y consumida por la tristeza, me encontraba sumida en un mundo gris, un lugar interno donde solo había espacio para la miseria, la pobreza y la desilusión. Desperté temprano una mañana, como de costumbre, con la cabeza invadida por pensamientos y emociones revueltas. En esos días, ni siquiera intentaba sonreír... simplemente sobrevivía.

Encendí la televisión, buscando algo que me distrajera. Mientras cambiaba canales, el teléfono sonó. Contesté de forma automática, sin prestar atención al canal en el que había quedado la pantalla. Durante la llamada, mis ojos se posaron en la imagen de un hombre que hablaba frente a una congregación. Era uno de esos predicadores modernos, carismático, con una presencia que no pasaba desapercibida. Lo había visto un par de veces antes, pero nunca me había detenido a escuchar lo que decía.

Como católica, siempre me había resultado difícil escuchar a otros hablar de la palabra de Dios. A decir verdad, tampoco asistía con frecuencia a misa; no porque no creyera, sino porque mi mente estaba llena de preguntas que parecían no tener respuesta. Sin embargo, algo en su tono de voz me retuvo.

Terminé la llamada, me serví una taza de café y, casi sin darme cuenta, me quedé en la sala mirando el televisor. Y entonces sucedió: sus palabras comenzaron a resonar en mí de una forma extraña, como si hubiera dejado de predicar para dirigirse directamente a mí.

La frase que marcó el momento fue clara, firme, y me atravesó como un rayo:

"Los ángeles que acompañan tu camino están tocando a tu puerta. Ellos quieren que sepas que están ahí para ayudarte."

Ese tema —los ángeles y sus señales— siempre había despertado mi curiosidad, así que me incliné hacia adelante, dispuesta a escuchar cada palabra. El predicador comenzó a hablar de los "regalos" que los ángeles dejan a lo largo de nuestro camino: pequeñas manifestaciones, detalles casi imperceptibles que, para quien sabe mirar, se convierten en mensajes poderosos.

Mencionó las plumas blancas encontradas en lugares inesperados, las luces que parecen bailar en una habitación vacía, los animales que se acercan sin razón aparente, y esas coincidencias tan perfectas que es imposible atribuirlas al azar. Explicó cómo prestar atención, cómo abrir el corazón para recibir, y cómo confiar en que esas señales son una confirmación de que no estamos solos.

Mientras lo escuchaba, mi mente comenzó a viajar hacia atrás, repasando años de mi vida. Una a una, recordé esas pequeñas cosas "extrañas" que me habían ocurrido y que yo, sin pensarlo demasiado, había ignorado o tratado como simples casualidades. Y, sin embargo, ahí estaba, sintiendo un hormigueo en la piel y un nudo dulce en la garganta, como si de pronto comprendiera que cada uno de esos momentos había tenido un propósito.

Por aquellos tiempos, mi mente estaba atrapada en lo terrenal; no podía —o no quería— concederle demasiada importancia a lo espiritual. Sin embargo, esa mañana algo se movió dentro de mí. Una semilla quedó plantada, y aunque no lo supe en ese instante, estaba a punto de germinar.

A la mañana siguiente, lunes, ocurrió algo que jamás olvidaría. Al abrir la puerta de casa, allí, justo frente a mí, reposaba una pluma blanca. Era perfecta, de tamaño mediano, tan limpia y delicada que parecía recién caída del cielo. La luz de la mañana acariciaba sus bordes, haciéndola brillar como si estuviera hecha de hilos de plata.

Me quedé inmóvil, observándola. Y, de inmediato, las palabras que había escuchado el día anterior resonaron en mi mente: "Los ángeles que acompañan tu camino están tocando a tu puerta. Quieren que sepas que están ahí para ayudar."

No la recogí en ese momento, pero aquella imagen se quedó conmigo todo el día, flotando en mi pensamiento. Mientras conducía, trabajaba o caminaba por la calle, volvía a verla en mi mente como si siguiera ahí, frente a mi puerta, esperando. Esa simple pluma se convirtió en un recordatorio constante de todas las veces que había encontrado cosas "raras" y que había dejado pasar sin más.

Ese día, sin darme cuenta, algo dentro de mí se encendió. No fue un cambio brusco, sino una sensación sutil pero firme de que debía empezar a prestar más atención... como si el universo me hubiera hablado en voz baja y yo, finalmente, hubiese decidido escuchar.

Desde ese momento, decidí abrirle la puerta a la intuición y darle plena libertad para guiarme. Al principio no lo comenté con nadie; preferí guardarlo como un secreto sagrado entre mi alma y yo. Sin embargo, cada vez que algo sucedía, lo observaba con detenimiento, examinando cada detalle del entorno: cómo se habían dado las cosas, si habían fluido con naturalidad o si habían surgido obstáculos inesperados. Era como investigar el tejido invisible que conecta los hechos, buscando comprender dónde estaba lo bueno, dónde lo malo, y qué mensaje se escondía entre ambos.

Tres meses después, me encontré cerrando un capítulo muy amargo de mi vida... con una sola acción. Sí —solo una—. Me limité a dejar que todo fluyera y decidí no interferir más. Fue como soltar un peso que llevaba años cargando sin darme cuenta.

Al principio no sabía si lo que había hecho era correcto. Me asaltaban dudas, como si mi mente quisiera recuperar el control. Pero pronto comencé a notar cambios en mí: mis gestos se suavizaron, mi respiración se volvió más serena y, poco a poco, las sonrisas empezaron a regresar. Era como si el simple acto de confiar hubiese quitado un velo que nublaba mi visión.

Un año más tarde, mi vida era otra. Había aprendido, casi sin proponérmelo, que las cosas suceden porque deben suceder, y que no importa cuánto te esfuerces por forzar un desenlace: lo que ocurra será lo que tenía que ocurrir. Eso sí, siempre bajo la ley de acción y reacción: lo que das al mundo, de una forma u otra, siempre regresa a ti.

Con el tiempo entendí que siempre tienes la opción de enojarte, llorar, sufrir o manifestar cualquier gesto que exprese tu descontento ante lo que no esperabas. Pero también, y quizá más importante, tienes otras elecciones: callar, meditar, reflexionar, respetar, confiar. Aprender a esperar sin desesperar es un arte, y elegir la reacción más adecuada a cada momento es un signo de sabiduría.

La fe y la acción, lejos de ser opuestas, son compañeras inseparables. La acción es el paso que das, la huella que dejas en el camino; la fe es la confianza que mantienes mientras andas, incluso cuando el sendero parece oscuro. Una sin la otra se siente incompleta. Si actúas sin fe, tu esfuerzo carece de dirección; si tienes fe pero no actúas, tus sueños se quedan suspendidos en el aire.

Hoy sé que confiar no significa quedarse inmóvil esperando milagros, ni actuar significa querer controlarlo todo. Confiar es moverte con la certeza de que, aunque no veas todo el mapa, estás siendo guiado hacia el lugar correcto. Es caminar con los pies firmes en la tierra y el corazón anclado en lo divino, sabiendo que lo que deba llegar, llegará... y que tu única tarea es dar lo mejor de ti, un paso y una decisión a la vez.

Ejercicio Personal

¿Alguna vez has recibido una señal que te haya hecho detenerte y pensar que tal vez había algo más detrás de lo que estabas viviendo?

____

____

____

¿Tiendes a confiar en tu intuición o buscas siempre una explicación lógica antes de actuar?

____

____

____

¿Qué significado le darías a encontrar un objeto inesperado, como una pluma, justo en un momento importante de tu vida?

____

____

____

¿Cómo equilibras la acción que tomas en tu vida con la fe en que las cosas sucederán como deben?

____

____

Entre Letras y Caminos

Sentada frente al computador, trataba de hilvanar palabras que expresaran con fidelidad lo que sentía y lo que deseaba transmitir. No siempre era fácil.

A veces, los pensamientos y emociones fluían tan rápido que mis manos no alcanzaban a seguirles el ritmo sobre el teclado. Sin embargo, la idea principal solía estar ahí, esperando su turno. A veces aparecía anotada en un trozo de papel; otras, en una nota del celular o en la libreta que guardaba en mi mesa de noche. Cuando el momento lo permitía, regresaba a mí para ser rescatada.

Tenía muchas ideas, y parecía que, mientras desarrollaba una, las demás competían por mi atención, queriendo imponerse. Entonces se producía una especie de confusión creativa. El conflicto surgía cuando intentaba abordar más de un tema a la vez, como si cada uno mereciera toda mi atención, pero todos exigieran aparecer al mismo tiempo.

Así era yo: un poco acelerada, tal vez, o "loca y sin igual", como solía decirme entre risas. Pero sabía que, cuando la flama de la creatividad se encendía, no podía ignorarla. Era una energía que me rodeaba y que exigía salir. Y de alguna forma debía canalizarla, traducirla, darle forma. Ese fue siempre mi desafío: expresar lo que mi corazón susurraba, lo que mi alma pensaba y lo que mi ser sentía. Ponerlo en palabras. Hacerlo real.

Las ideas iban y venían. Los temas cambiaban, pero el miedo —ese pequeño saboteador interno— siempre asomaba y me susurraba que había asuntos que quizá no debía tocar. Con el tiempo, aprendí que justamente esos eran los temas que más necesitaban ser contados.

Recordaba cuando escribí el relato corto *El Clóset*, con el que por primera vez dejé fluir un profundo dolor al verterlo en palabras. Fue mi primer intento real de comprometerme con la escritura. Antes de eso, solo tenía páginas sueltas, pensamientos dispersos, frases que coleccionaba como pequeños tesoros. Pero esa vez me senté con intención y logré construir un primer capítulo. Me sentí orgullosa, me animé y comencé el segundo, con una idea clara de hacia dónde se dirigía la historia.

Aunque nunca logré escribirle un final que me convenciera, ni editarlo por completo, cada vez que lo releía encontraba más cosas que cambiar: más errores, más ajustes, más ideas. Y comprendí que eso también era escribir: crecer mientras se reescribía.

Pero estaba bien. Ese relato se convirtió en mi espejo, en mi punto de evaluación personal.

Recuerdos, por su parte, fue la primera de mis *Reflexiones Personales*: textos breves, sinceros, íntimos... nacidos de un estado emocional, de una memoria, de un momento del alma. Ese primer escrito fue, para mí, una mezcla de emociones difíciles de clasificar: una marea de recuerdos, nostalgia, amor y pérdida. Hasta hoy sigue siendo uno de los más importantes que escribí, porque salió directamente del rincón más íntimo de mi ser. Creo que fue entonces cuando comencé a comprender que, a través de la escritura, podría sanar las heridas que llevaba dentro.

Otra de esas reflexiones, *Un día triste de abril*, recogió uno de mis momentos más dolorosos, cuando perdí a mi Madre. Con los años, al releerlo, dejé de sentir únicamente tristeza; también sentía gratitud. Porque había quedado ahí, guardado en palabras, para que el tiempo no lo borrara; para no olvidar la pena ni el amor, ni lo que se sentí en ese día exacto. Las palabras, cuando nacen del alma, vencen incluso al olvido.

El tiempo, lo sabía, tenía la costumbre de apagar incluso las emociones más profundas. Después de aquella primera reflexión, escribí *En busca de mi fe*. Era evidente: las dudas, los reproches, las recriminaciones y las preguntas estaban a flor de piel. Sin embargo, el simple hecho de preguntarme si en esa búsqueda lograría encontrar mi fe marcó el inicio de un camino hermoso.

Con el paso de los días, noté cómo el tono de mis escritos comenzaba a transformarse. Se volvieron más intensos, con una carga emocional distinta, con un sentimiento especial que ya no se parecía a lo que había escrito antes. Fue entonces cuando decidí darles un nuevo nombre, uno que reflejara esa nueva forma de expresar lo que sentía. Así nacieron los textos *From the Heart*. Sí, en inglés, porque así lo sentí primero, en el idioma que utilizaba cada día.

Estos escritos tenían una voz diferente, directa desde el alma. Eran confesiones, desahogos, declaraciones íntimas, cargadas de una fuerza silenciosa, pero auténtica.

Uno de los títulos más significativos fue *Maldita Depresión*. En él reflejé la necesidad urgente de liberarme de una sombra que me había acompañado por demasiado tiempo. Escribir me ayudó a empujar ese sentimiento lejos, a transformarlo, a entenderlo desde otro lugar, con más compasión y menos miedo.

Otro texto que nació *From the Heart* fue *Viejo*, un escrito en prosa poética dedicado con respeto y admiración a aquellos hombres que realmente eran dignos de ser llamados así: hombres íntegros, de valores nobles, de corazón generoso.

Y luego llegó *Siente*, donde se notó un cambio evidente en mí: una voz más serena, más esperanzada, más fuerte. Un corazón que empezaba a calmarse. Un alma que se iluminaba.

Con el tiempo, fui descubriendo que también podía escribir poesía. Tal vez no en el formato tradicional de estrofas y rimas, pero sí a mi manera, fiel a mi estilo: directa y fluida.

Los primeros poemas eran apenas líneas sueltas, anotadas en cuadernos, notas del celular o en papeles dispersos... No tenían un destino claro, pero yo sabía que algún día lo tendrían. Solo esperaban el momento justo para cobrar sentido.

Esas frases me visitaban en silencio, muchas veces durante mis caminatas matutinas: junto al mar, en un parque o simplemente mientras recorría mis más de seis millas diarias. Con el tiempo entendí que no eran simples pensamientos; eran susurros. Susurros del alma. Ella hablaba... y yo, por fin, aprendía a escucharla.

Por eso, cuando decidí reunir esos escritos, no dudé en llamarlos *Susurros del Alma*, porque de ahí venían: de ese rincón donde habita lo que no siempre se dice, pero se siente con intensidad.

Mis poemas eran variados. Expresaban emociones reales, sentimientos que a veces resultaba difícil compartir en voz alta, ya fuera por la alegría o por el dolor. Siempre había momentos intensos en los que solo el alma podía hablar, y esos instantes eran los que le daban vida a mi poesía.

Entre ellos estaba *Pequeña Mía*, que guardaba un sentimiento maternal muy especial: ese amor profundo que solo una madre podía comprender, por un hijo soñado, anhelado y sentido.

Otro de mis favoritos era *Cómo quisiera...* ¿Quién no había sentido ese deseo tan profundo por algo que parecía, o se sabía, inalcanzable? En esos momentos, solo quedaba suspirar y decir: "¡Cómo quisiera!".

Uno de mis poemas más privados fue *Amarte en Silencio*, que siempre ocupará un lugar especial. No necesariamente por ser más intenso que los demás, sino por su complejidad emocional. Era una muestra clara de ese sentimiento profundo en el que tantas veces caemos: un amor callado, que inunda el alma, pero que no encuentra ni palabras ni espacio para salir. Cuántas veces el corazón gritaba lo que la voz callaba... y entonces se amaba, se amaba en silencio.

Además de estas secciones, creé otra que titulé *Personal Thoughts (Pensamientos Personales)*, un espacio donde podía expresar con honestidad y claridad mis deseos y anhelos más profundos. Allí no había filtros. Era el lugar donde me permitía escribir lo que realmente quería, lo que mi corazón necesitaba, lo que mi alma soñaba.

Esta sección me daba la libertad de exponer mis principios e ideales, mis creencias más íntimas y mis anhelos más sinceros. Uno de los escritos más explícitos en esta línea fue *Al Fin Juntos*, una composición en tres partes muy compleja, pero que daba vida a mis propios pensamientos y emociones pensando en aquel día, ese día en que volvería a rencontrarme con quienes fueran mis padres, después de cruzar el umbral que separa esta vida de la otra.

¡Cómo había avanzado el tiempo! Habían pasado ya muchos años desde que, en 2011, inicié de forma constante esta hermosa travesía de tinta, alma y verdad. Años de escritura ininterrumpida, de introspección, de vulnerabilidad y de conexión con lo más profundo de mí. Esta experiencia me permitió explorar emociones que antes no sabía cómo expresar: sensaciones intensas, pesares ocultos, alegrías secretas y momentos de verdadera agonía. Al poder explorarlas, pude encontrarme a mí misma.

Todo eso lo vertí en palabras. Palabras que quedaron grabadas en las páginas de estos escritos y que hoy comparto —con humildad y esperanza— con ustedes: mi audiencia, mis lectores, mis cómplices invisibles. Todos aquellos que leyeron o apenas comenzaban a descubrir lo que tenía para decir, ya fuera en forma de relato, reflexión, pensamiento, poesía o incluso en los proyectos mayores que surgieron de este camino: mis libros.

El primero fue *Sesiones, Terapia para el Alma*. En él aprendí a dar vida a personajes que me acompañarán por el resto de mis días, y a enfrentar el intenso aprendizaje de cómo y qué hacer para escribir un libro. Fue un proceso exigente y revelador, que marcó mi paso de los escritos íntimos a una obra completa.

Después llegó *Relatos de la Abuela*, una compilación de historias mayormente basadas en mis propias experiencias, muchas de ellas difíciles de contar tal cual sucedieron. Por eso elegí compartirlas en forma de ficción, dándoles un nuevo aire para que pudieran ser leídas y sentidas sin perder su esencia.

Más tarde publiqué *La Ciudad entre las Nubes*, una historia que invita a ver la muerte desde otro punto de vista: creer que el alma sigue viva después de dejar el cuerpo, y que va a habitar "allá arriba", en esa ciudad entre las nubes. Una lectura sencilla y cercana, pensada para llegar a lectores de todas las edades y transmitir esperanza.

Años después, me enfrenté a un nuevo desafío: traducir Sesiones, Terapia para el Alma al inglés, bajo el título *Sessions, Therapy for the Soul*. Fue un proceso que me llevó a revisitar cada palabra, cada escena, y a descubrir nuevos matices en una historia que ya creía conocer de memoria.

Porque escribir no solo me salvó, también me transformó.

Cada página escrita, cada libro publicado, fue un peldaño más en este viaje que, aunque ha sido recorrido, sigue abierto, con la certeza de que cada palabra que escriba seguirá marcando mi camino.

EPÍLOGO

Gracias por acompañarme hasta aquí.

Si alguna de estas palabras resonó contigo,

si alguna página despertó una emoción dormida o un recuerdo olvidado,

entonces este libro ya cumplió su propósito.

Que cada alma que lea estas páginas encuentre también su propia voz.

Que, cuando lo necesite, recuerde que no está sola,

y que siempre existe un motivo para seguir adelante,

aunque a veces parezca escondido entre las sombras.

Y que, sobre todo, nunca olvide que el primer gran acto de amor es hacia uno mismo:

aprender a quererse, respetarse y cuidarse,

no como un gesto egoísta, sino como la semilla de todo lo bueno que podemos ofrecer.

Cuando nos nutrimos desde dentro, cuando nos tratamos con ternura,

el mundo que nos rodea se impregna de esa misma energía y la compartimos sin esfuerzo.

Recordemos también que cada uno de nosotros es un ser único,

con su propia esencia, su historia, sus luces y sus sombras.

Aceptar esa individualidad —en nosotros y en los demás—

es la llave que abre la puerta a la comprensión, la tolerancia y la armonía.

Que estas páginas sean para ti un recordatorio de que la vida no se mide

por lo que hemos perdido o lo que hemos ganado,

sino por la forma en que hemos amado, aprendido y crecido.

Y que, al cerrar este libro, lleves contigo no solo las palabras,

sino el calor de saber que eres parte de esta conversación del alma...

una conversación que nunca termina.

Y si alguna vez olvidas cuánto vales,

si el peso de los días nubla tu luz o las dudas te hacen perder el rumbo...

quiero que recuerdes esto:

Toma mi Mano

¿Sabes?

¡He estado pensando en ti!

Quería expresarte lo que siento,

pero no encontraba las palabras apropiadas,

aquellas palabras que fueran lindas y que llevaran mi mensaje a ti.

Aquel que conserve el sentimiento que existe en mi ser,

para decirte que cuentas conmigo, no importa dónde, cómo o cuándo.

Ahí estaré yo, pendiente de ti,

con mi mano extendida, justo ahí, para cuando necesites.

Que cuando te sientas sola y te fallen las fuerzas,

cuando sientas que las lágrimas se escapan

y quieras disimular... pero ya no las puedes contener,

porque tu corazón está herido y no sabe cómo sanar,

¡Recuerda!

Ahí estaré yo. Toma mi mano, te prometo que no te dejaré caer.

Cuando el pecho se te cierre de tanta opresión,

y los respiros ya no quieran ni salir,

causándote dolor y ahogando tu alma,

empañando tu vida y llenándola de oscuridad...

¡Recuerda!

Ahí estaré yo. Toma mi mano, te prometo que no te dejaré caer.

Cuando pienses que el mundo te sonríe cínicamente

y nadie comprende lo que a ti te ocurre,

sintiendo la ira crecer en ti,

devorando tu vida, aniquilando tu existencia...

¡Recuerda!

Ahí estaré yo. Toma mi mano, te prometo que no te dejaré caer.

Si estás viviendo la tristeza y la angustia del no saber,

la falta de fe, o cuestionando la presencia de un ser superior,

con la incomprensión y la amargura de sentirte sola,

a la deriva y sin esperanzas de un futuro...

¡Recuerda!

Ahí estaré yo. Toma mi mano, te prometo que no te dejaré caer.

Que el cielo y la tierra se unan,

que el sol y las estrellas también,

que la magia de la Madre Naturaleza y el Padre Creador

iluminen tu camino... y tu alma también.

¡Recuerda!

Ahí estaré yo. Toma mi mano, te prometo que no te dejaré caer.

No estás sola. Recuérdalo.

Paz Lopez

Scan to Discover My Books

www.ingramcontent.com/pod-product-compliance
Lightning Source LLC
LaVergne TN
LVHW040222110826
845146LV00004B/1250

* 9 7 9 8 2 1 8 7 7 5 6 3 6 *